hanserblau

CIANI-SOPHIA
HOEDER

WUT UND BÖSE

hanserblau

1. Auflage 2021

ISBN 978-3-446-27115-9

Erscheint als Hörbuch bei Hörbuch Hamburg,
gelesen von Ciani-Sophia Hoeder
Umschlag: Anzinger und Rasp, München
Motiv: © Alpha-C / iStock / Getty Images Plus
Satz: Satz für Satz, Wangen im Allgäu
Druck und Bindung: Friedrich Pustet, Regensburg
Printed in Germany

FSC
www.fsc.org
MIX
Papier aus verantwortungsvollen Quellen
FSC® C014889

Für Mama.

INHALT

VORWORT
Anleitung zum Wütendsein

Sie war wütend. Ihre Wangen leuchteten in einem sanften Karminrot, ihre Stimme wurde energischer, drängender, erbarmungsloser. Meine Mutter stand mit meiner kleinen Schwester und mir in einem Supermarkt. Als alleinerziehende Mutter war das Geld immer zu knapp, daher überprüfte sie alle Rechnungen und versuchte, hier und da etwas zu sparen. An dem Tag entdeckte meine Mutter einen Fehler auf der Quittung. Ihr wurde zu viel Geld berechnet. Mit dem Einkauf, meiner Schwester und mir im Schlepptau fragte sie nach. Die Kassiererin sagte ihr, sie solle warten. Wir warteten. Wir warteten zwanzig Minuten. Von Minute zu Minute baute sich die Wutwolke in meiner Mutter auf. Als wieder ein neuer Kunde seine Lebensmittel auf das summende Band legte, stellte meine Mutter sich vor ihn und sagte zu der Kassiererin: »Ich möchte mit Ihrem Chef sprechen!« Sie stieß diese Worte förmlich hinaus. Die Kassiererin rief an, und nach einiger Zeit war er auch da. Es war zu viel. Das Warten. Die Kinder. Die Wut meiner Mutter bahnte sich ihren Weg durch den gesamten Laden, und das Gesicht ihres Gegenübers wurde hart, kalt und distanziert. Niemand hörte ihr mehr zu. Sie schrie. Die Menschen um uns herum taten sie als irrational, anstrengend und kompliziert ab. Sie verfielen in eine

Abwehrhaltung. Zwar hatte meine Mutter recht, sich zu ärgern, doch sie war eine laute, hysterische Frau.

Das war nur einer von vielen Momenten, in denen ich lernte: Frauen dürfen nicht wütend sein. Wut ist eine cis-männliche Emotion. Unsere kulturellen Erwartungen an Geschlechterrollen halten Mädchen und Frauen weltweit davon ab, ihre Wut auszuleben. Dabei ist Wut eine Kraft, die sozialen Wandel hervorrufen kann. Eine aus biologischer, psychologischer und philosophischer Perspektive essenzielle Emotion, die, wenn sie nicht ausgedrückt wird, zu ernsthaften psychischen und physischen Problemen führt.

Wut ist unangenehm. Mir war sie peinlich. Sobald sie wellenartig in mir aufstieg, drückte ich sie jahrelang mit aller Kraft herunter. Das machte mich so müde, dass ich die Probleme, die der Grund meiner Wut waren, nicht sah. Ich war so sehr damit beschäftigt, meine heile Welt zu erhalten, auf meiner kleinen Insel der Happiness-Isolation zu versanden, statt gemeinsam mit anderen Menschen gegen Ungerechtigkeit vorzugehen. Denn unterdrückte Wut isoliert. Sie sorgt dafür, dass ich bei meinen Problemchen bleibe, obwohl diese nicht immer individuell, sondern kollektiv sein können.

Ich unterdrückte meine Wut, weil ich nicht als zickig, schwierig, laut, emotional oder unprofessionell wahrgenommen werden wollte. Dabei gibt es verdammt viele Gründe, so richtig wütend zu sein.

Frauen berichten häufiger von Erschöpfung als Männer. Sie erleben weniger Orgasmen, zumindest wenn sie Sex mit Männern haben. Sie verdienen weniger Geld als ihre männlichen Kollegen. Häufig ist das strukturbedingt. Drei Viertel des Verdienstunterschieds zwischen Männern und Frauen liegen daran, dass Frauen häufiger in Branchen und Berufen arbeiten, in denen schlechter bezahlt wird, und sie seltener Führungspositionen erreichen. Patientinnen werden seltener wegen Schmerzen behandelt als Patienten, die mit den gleichen Symptomen auftreten. Frauen sterben noch immer häufiger als Männer an einem Herzinfarkt. Die Sterblichkeit hängt noch dazu davon ab, wer sie behandelt. Werden Frauen von einer Ärztin behandelt, überleben sie deutlich häufiger.

Jede dritte Frau in Deutschland, die Männer datet, ist mindestens einmal in ihrem Leben von physischer und/oder sexualisierter Gewalt betroffen. Etwa jede vierte Frau wird mindestens einmal Opfer körperlicher oder sexualisierter Gewalt durch einen aktuellen oder früheren Partner. Betroffen sind Frauen aller sozialen Schichten. Mit dieser gigantischen Palette von Gründen stellt sich nicht nur die Frage, warum wir nicht außer uns sind, sondern auch, warum es ein strukturelles Verlangen gibt, Frauen ihre Wut abzusprechen.

Wie ist die Lage unserer Gesellschaft, wenn es keinen Raum für die Wut von Frauen gibt? Gibt es eine tiefe kulturelle Angst davor?

Eine Frau, die keine Wut empfindet, wird auch nicht zur Gefahr. Sie kann nichts an der eigenen, ungerechten Realität ändern. Dabei fühlen Frauen Wut genauso häufig wie Männer. Sie schlucken sie nur hinunter, weil unsere Gesellschaft eine lächelnde und sanfte Frau belohnt.

Wut ist ein cis-männliches, überwiegend heterosexuelles Privileg. Sie wird nicht nur je nach Geschlecht oder der Sexualität unterschiedlich wahrgenommen, sondern auch je nach Phänotyp einer Person, ihrer äußeren Merkmale, wie Körpergröße, Proportionen und Hautfarbe – all das determiniert die Wut-Dimension. Die Portion, die einem gewährt wird.

Wer privilegiert aussieht, dem wird Wut eher zugetraut. Als

Schwarze Frau wird meine Wut ganz anders bewertet als die einer *weißen* Frau.

Wut ist nicht sexy. Sie passt nicht in den sorgfältig gemanagten Instagram-Feed hinein. Sie wird mit Yoga, Meditation und einem fast schon neurotischen Self-Care-Hype wegmeditiert. Dabei sind die Folgen von internalisierter Wut desaströs. Essstörungen, Selbstverletzungen, Kopfschmerzen, ein mangelndes Selbstwertgefühl, erhöhte Angstzustände, Burn-out, Depressionen – ihre Unterdrückung hat ernst zu nehmende Krankheiten zur Folge. Die Wut ist da. Und wie sie da ist. Wir leben sie nur nicht aus. Das ist gefährlich. Nicht nur für das eigene Wohlbefinden, sondern auch für unsere Gesamtgesellschaft. Die bittere Wahrheit ist: All die oben aufgeführten Probleme verschwinden nicht durch ein freundliches und ausgeglichenes Lächeln. Wer nie wütend ist, akzeptiert die Welt, wie sie ist.

Die Folge von unterdrückter Wut ist Stillstand.

Dann könnte die Lösung doch nun lauten, einfach wütend zu sein. Alles rauszulassen. Auf die Straße zu rennen und mal so richtig zu brüllen. Aber so leicht ist das nicht. Die Erkenntnis reicht leider nicht aus, und wer öffentlich ausrastet, gilt oft als charakterschwach. Wütende Frauen werden nicht ernst genommen. Es geht somit nicht nur darum, überhaupt zu begreifen, dass es eine systematische Trennung zwischen Wut und Weiblichkeit gibt. Wir brauchen einen gesamtgesellschaftlichen Wandel. Schon von Kindesbeinen an sollten Mädchen den Raum erhalten, ihre Wut auszuleben, sie zu verstehen, statt dass sie belohnt werden, sobald sie diese herunterschlucken. Gleichzeitig müssen wir lernen, die Wut von Mädchen anzuerkennen. Wir alle empfinden Wut, nur lernen wir im Laufe unserer Sozialisierung, unterschiedlich mit ihr umzugehen.

Als meine Mutter an einer Supermarktkasse explodierte, hatte sie es nicht leicht. Sie hatte ziemlich viele Gründe, so richtig wütend zu sein. Sie war eine vollzeitbeschäftigte alleinerziehende Mutter, die nicht nur in diesem Geschäft für sich selbst und uns einstehen musste. Sie tat es täglich, dauernd. Mir war das damals unangenehm. Dabei brachte mir meine Mutter etwas Essenzielles bei: Steh für dein Recht ein. Auch, wenn es ungemütlich wird. Denn so ist sie, die Wut. Unbequem. Aber sobald man sie begreift und lernt, mit ihr umzugehen, fühlt man sich befreit.

Dieses Buch soll den Zorn, den Frauen zu Recht empfinden, legitimieren. Ihn in allen Nuancen beleuchten. Ich spreche über kanalisierte Wut, über die Differenzierungen bei gegenderter Wut und über intersektionalen Feminismus. Ich beleuchte Studien, Statistiken, Lebensläufe, Anekdoten, Erfahrungen und spreche mit unterschiedlichen Expert:innen. Eine kleine Anleitung zum Wütendsein also. Wut ist nicht unweiblich, unattraktiv oder gar egoistisch. Sie hat uns dazu verholfen, dass wir heute wählen können oder ein eigenes Bankkonto besitzen. Sie warnt uns, schützt vor Ungerechtigkeit, treibt an. Sie kann ein Katalysator sein, ein Motor. Warum also nutzen wir diese Kraft nicht?

WAS IST EINE »FRAU«?

Dieses Buch analysiert die Wut von Frauen aus einer gesellschaftskritischen sowie feministischen Perspektive.

Dabei ist Wut nicht binär weiblich oder männlich. Sie wird aufgrund des engen Korsetts des Patriarchats aber in eine rigide Binarität gepresst. In Mann und Frau. In Stark und Schwach. In gute Wut und in böse Wut. Das wirkt sich auf die Daten aus, die in diesem Buch herangezogen wurden. Sie sind größtenteils binär ausgewertet, es gibt also einen »männlichen« und einen »weiblichen« Wert, die sich gegenüberstehen. Dabei ist es nicht meine Intention, diese Geschlechterbinarität zu reproduzieren, sondern ganz im Gegenteil, will ich darauf aufmerksam machen, dass Identität ein Spektrum ist.

Dieses Buch betrachtet die soziologische Dimension von Wut. Und die sollte eigentlich geschlechtsneutral sein, doch wie unsere Gesellschaft ist auch unser Verständnis von Wut durch das Patriarchat geformt.

»Frau« ist in diesem Buch kein biologischer, sondern ein soziologischer Begriff, der das ganze Spektrum von Weiblichkeiten aus einer intersektionalen Perspektive einschließt.

Wenn in diesem Buch von »Männlichkeit« gesprochen wird, bezieht es sich in den meisten Fällen nicht auf individuelle Männer, sondern auf die soziale Konstruktion von Männlichkeit durch das Patriarchat und die daraus resultierende soziale Ordnung und ihre Folgen.

Frausein zu greifen ist kompliziert. Die Ordnung der Welt, die aus dem europäischen Kolonialismus hervorging, beruht auf der Vorstellung, wie ein Mensch behandelt werden soll und muss. Ein berühmter Satz von der Schwarzen Freiheitskämpferin Sojourner Truth aus dem 19. Jahrhundert lautet: »Bin ich nicht eine Frau?« Dieser Satz forderte ihre *weißen* Schwestern im Kampf um die Abschaffung der Sklaverei heraus, anzuerkennen, dass ihr Bild einer Frau von dem Konstrukt der *Race* abhing. Zur Lebenszeit von Sojourner Truth waren beispielsweise öffentliche Toiletten mit »Männer«, »Frauen« und »Colored« gekennzeichnet. Schwarze Frauen waren somit keine Frauen. Sie waren Schwarz.

Erst ab den 1950ern führten Wissenschaftler:innen aus dem angloamerikanischen Raum den Begriff *Gender* ein, um die sozialen Dimensionen des Geschlechts zu beschreiben. Frausein ist nicht an dem Satz »Es ist ein Mädchen!« ausgemacht, der erklingt, sobald ein Säugling auf die Welt kommt und untersucht wird, es ist abhängig von unseren gesellschaftlichen Konventionen. Die französische Philosophin Simone de Beauvoir schrieb vor knapp fünfzig Jahren in *Das andere Geschlecht*, dass Frauen nicht geboren, sondern gemacht werden. Gender ist nicht gleich Geschlecht, und Geschlecht nicht gleich Gender.

Es ist idealistisch zu denken, dass wir Geschlecht ohne Gender betrachten könnten oder andersherum. Wir können nicht feststellen, wie viel von unserer Existenz durch Biologie, Sozialisation und freien Willen determiniert ist. Diese Aspekte können nicht wie eine Gummibärchenpackung auf einem Tisch ausgekippt werden, um dann die roten und die gelben Bärchen auseinanderzuklamüsern. Alle Elemente interagieren miteinander, bedienen und verändern sich.

Philosoph:in und Gendertheoretiker:in Judith Butler beschreibt in dem Werk *Gender Trouble,* dass das Konzept Gender weniger die Unterschiede zwischen »Mann« und »Frau« beschreibt, sondern eine gesellschaftliche Machtverteilung. Butler stellt den Unterschied zwischen Selbst- und Fremdbestimmung aller Geschlechter in den Mittelpunkt ihrer Überlegungen. Jeder Mensch könne das kulturelle Geschlecht ständig neu aufführen und unter Beweis stellen. Frausein sei eine Performance. Diese Theorie wurde von radikalen Feministinnen als amerikanisches Hirngespinst deklariert. Doch die deutsche Kulturtheoretikerin Dr. Ines Kappert argumentiert:

> »Warum sonst tragen Richter:innen Roben, Ärzt:innen Kittel und Banker:innen Anzüge? Sie gliedern sich damit in eine Tradition ihres Berufsstands ein, wiederholen Rituale und verschaffen sich so Ansehen in einem professionellen Umfeld, noch ganz unabhängig von ihrem jeweiligen individuellen Handeln.«

Diese Kleiderordnung zeigt, wie die Performance von Identitäten den Alltag jedes Menschen bestimmt.

Judith Butlers spätere Arbeit kritisierte die Trennung zwischen Geschlecht und Gender. Butler macht darauf aufmerksam, dass sogar biologische Zuschreibungen und Kategorisierungen sozialen Prozessen unterliegen. Zusätzlich weisen die Neurowissenschaften schon länger auf die Wechselwirkung von Biologie und Psychologie hin. Beispielsweise ist unsere Gehirnstruktur maßgeblich von unserem Verhalten beeinflusst. Umgekehrt können sich zum Beispiel hormonelle Veränderungen auf unsere Empfindungen auswirken. Die Welt ist halt nicht weiß oder schwarz. Frausein sowieso nicht, genauso wenig wie eine Gummibärchenpackung.

Nur weil ein Mensch menstruiert, macht ihn das nicht automatisch zu einer Frau. Auch die Fähigkeit des Schwangerwerdens klassifiziert keine Frau. Die rein biologische Definition von Weiblichkeit schließt unter anderem trans Frauen aus. Eine rein soziale Definition von Weiblichkeit löscht die Erfahrungen von cis Frauen.

Nichtsdestotrotz sind Cis-Privilegien real. Systematisch erhobene Daten zur Benachteiligung von transidenten Menschen – zu denen auch nonbinäre, genderfluide und einige intergeschlechtliche Menschen gehören – gibt es in Deutschland nicht. »Transsexualität« wird in der Bundesrepublik weiterhin als psychische Krankheit geführt und als »Geschlechtsidentitätsstörung« klassifiziert. Eine Änderung des eigenen Namens, Personenstands oder des Geschlechts setzt nach den bestehenden rechtlichen Regelungen des »Transsexuellengesetzes« eine Begutachtung durch Sachverständige voraus – ein sehr langwieriges und strenges Diagnoseverfahren.

In einem Bericht für die Generaldirektion Justiz der Europäischen Kommission wird aufgezeigt, dass transidente Menschen in Europa massiver Diskriminierung in Form von Drohungen, Ausgrenzungen, sozialem Ausschluss, Spott, Beleidigungen sowie physischer und sonstiger Gewalt ausgesetzt sind. Dies betrifft alle Bereiche des täglichen Lebens, den Zugang zu Bildung und anderen Gütern sowie Dienstleistungen und das Arbeitsleben. Darüber hinaus dokumentieren internationale Studien massive Gewaltverbrechen gegen transidente Menschen.

Auch geschlechtsspezifische Räume wie Umkleideräume oder Toiletten führen zu Diskriminierung. Dies ist einer der liebsten Punkte der sogenannten TERFs. Ein Akronym für »Trans-Exclusionary Radical Feminist« – ein Radikalfeminismus, der transidente Menschen ausschließt. Feministinnen, die diese Meinungen vertreten, sprechen sich aktiv gegen Transfeminitäten aus und wollen diese nicht in Frauenräumen und der feministischen Bewegung vertreten sehen.

TERFs gehen davon aus, dass das Geschlecht biologisch festgelegt und somit unveränderbar sei, weil uns bestimmte männliche und weibliche Körperteile für immer und ewig zu Männern oder Frauen machen. Aus dieser Perspektive heraus werden transidente Menschen wahlweise als Opfer oder als Täter:in gesehen, so Felicia Ewert in ihrem Buch *TRANS. FRAU. SEIN*. Je nachdem, wie es passt.

Der Mainstream-Feminismus sowie die radikalen TERFs verstehen unter einer »Frau« eine meist *weiße*, nicht offensichtlich behinderte cis Frau, die entweder hetero, maximal lesbisch ist. So werden Marginalisierungen und Ausschlüsse eins zu eins aus patriarchalen Strukturen übernommen und unhinterfragt weitergetragen. Statt Geschlecht als Spektrum und Geschlechteridentität als fließend anzuerkennen, wird hier etwas festgenagelt, das komplex ist und sich im stetigen Wandel befindet.

Dieses Buch wird immer wieder dafür plädieren, dass wir nicht von denjenigen in unserer Gesellschaft ausgehen, die die meisten Privilegien haben, sondern von denjenigen, die weniger Sichtbarkeit erhalten.

Frausein ist eine vielfältige Identität, die Erfahrungen, Erwartungen, institutionelle Steuerung, soziale Präsentation und innere Realität verbindet. Diese Faktoren werden nie isoliert erlebt, sondern bilden eine Bedeutungsmatrix, die Kontexte und Individuen miteinander verschmilzt und verschiedene Ideen und Verkörperungen von Weiblichkeit hervorbringt.

Die Definition von »Frau« in diesem Buch ist also weder rein biologisch noch rein sozial oder kulturell. Vielmehr ist Frausein eine komplexe Verhandlung eines vielschichtigen Systems. »Frau« bleibt ein nützliches Kürzel für die Verschränkung von Weiblichkeit und sozialem Status, unabhängig von der Biologie – nicht als Identität, sondern als Name für eine imaginierte Gemeinschaft, die sich gegenseitig empowert, zusammenhält und die kollektiv die Grenzen einer sexistischen Gesellschaft erlebt und diese überschreitet.

WAS IST WUT?

WUT UND AGGRESSION
eine Begriffsgeschichte

Wut ist nicht gleich Wut. Es gibt unterschiedliche Definitionen von Wut, je nachdem, aus welcher Perspektive sie betrachtet wird.

Aus biologischer Sicht reagiert das Gehirn auf einen negativen Reiz. Das limbische System entscheidet über den sogenannten *Fight or Flight*-Modus. Man stelle sich vor, man macht sich auf den Weg, um ein paar Beeren für ein Fest zu sammeln. Im Hintergrund lauert ein gefährliches Tier, es kommt näher und stellt sich vor einen hin, reißt sein riesiges Maul auf – dann reagiert der Körper ganz automatisch und entscheidet sich zwischen Flucht, Kampf oder Erstarrung. Die Wut kommt dann ins Spiel, wenn man sich für den Kampf entscheidet. Dann startet die biologische Cocktailparty. Hormone und Botenstoffe – darunter Adrenalin, Noradrenalin, Dopamin, Serotonin und Katecholamine – stellen den Körper auf Alarmbereitschaft ein. Die Pupillen werden größer, Haare stellen sich auf, das Herz schlägt schneller, der Blutdruck steigt, und schon geht's los mit der Wut.

Wie es einem Körper in Dauerwut ergehen könnte, ist ein Gedankenspiel, das dem britischen Horrorfilm *28 Days Later* von 2002 zugrunde liegt. Darin verbreitet sich ein hochinfektiöses Wutvirus aus einem Forschungslabor in Cambridge über die gesamte britische Insel. In Sekundenschnelle werden aus Menschen reißende Bestien. Sie sind ihrer Wut komplett ausgeliefert, und das geht gar nicht gut aus. Die Botschaft lautet: Wenn die Bevölkerung 24/7 wütend herumliefe, dann wäre die Menschheit futsch. Das lateinische Wort für Wut, *furore*, bedeutet Raserei, Wahnsinn und Leidenschaft. Also eine eindimensionale und zerstörerische Emotion. Dieser Darstellung begegnen wir in Filmen, Büchern, im Fernsehen und der Musikindustrie – nicht zuletzt in der Figur, die vermutlich der Inbegriff von Wut ist: Hulk.

Nach einem Unfall mit radioaktiver Gammastrahlung mutiert der Physiker Bruce Banner bei jedem Hauch von Zorn zu einem unkontrollierbaren grünen Monster, das alles kurz und klein schlägt, was ihm in den Weg kommt. Dies signalisiert: Wut ist zerstörerisch. Psychologisch gesehen ist Wut nicht nur ein chemischer Prozess unseres Körpers oder eine grüne Raserei. Psycholog:innen fokussieren sich eher auf den Ursprung von Wut. Dabei unterliegt sie Lernvorgängen und kognitiven Prozessen, die von Person zu Person unterschiedlich ausfallen. Die Wissenschaft ist sich vor allem eines: uneinig.

Es gibt drei vorherrschende Entstehungstheorien für unsere Wut. Die Triebtheorie nach Sigmund Freud geht davon aus, dass Menschen mit einem angeborenen Aggressionstrieb zur Welt kommen. Nur unsere gesellschaftlichen Normen sorgen dafür, dass wir nicht wie Mini-Hulks durch die Gegend stampfen. Gleichzeitig kann es zu einer seelischen Störung führen, wenn wir unser kleines grünes Monster nicht das ein oder andere Mal die Kontrolle übernehmen lassen. Die Wut muss auch mal raus. So viel zu Freud.

Die Frustrations-Aggressions-Theorie besagt, wie der Name schon andeutet, dass Wut, hier »Aggression« genannt, eine sekundäre Emotion ist. Sie entsteht als Reaktion auf ein Gefühl, das die jeweilige Person nicht ausleben kann, wie Frust beispielsweise. Etwas, das wir bei Babys sehr gut beobachten können, wenn sie nicht das kriegen, was sie wollen. Wut ist demnach eine Abreaktion. Aber hier müssen wir aufpassen: Aggression und Wut werden in diesem Zusammenhang als Synonym verwendet. Warum das unscharf ist und zu Missverständnissen führen kann, dazu später mehr.

Der Lerntheorie von Albert Bandura nach spielt, sobald wir einem negativen Reiz ausgesetzt sind und sich unser limbisches System zwischen Flucht, Kampf oder Erstarrung entscheiden muss, vor allem die eigene Erfahrung eine signifikante Rolle. Das bedeutet, um wieder zum Beerensammeln zurückzukommen: Wenn man beim Beerensammeln bereits häufiger einem gefährlichen Tier ausgesetzt war und gelernt hat, dass man im Kampf erfolgreich ist, speichert das limbische Gehirn diese Erfahrung ab. Je häufiger man diesen Prozess erlebt, wenn man beispielsweise brüllend mit einem Stock auf das Tier zurast und dieses dann verschwindet, also negativer Reiz – Wut – Problem gelöst, desto häufiger wird man Wut als Lösung nutzen. Albert Bandura beschreibt Wut als erlerntes Verhalten. Sie sei ein Verhaltensmuster, das durch bestimmte Erfahrungen und das Lernen von Vorbilder:innen antrainiert wird.

Dann gibt es noch die Idee von Rainer Schandry, der eine Mischung aus den vorherigen Theorien proklamiert. Wut und Aggressionen seien Grundelemente, die auf genetische Fundierungen zurückgehen, zusammengehalten durch soziale Normen und die Orientierungen am Umfeld.

Dieser kleine wissenschaftliche Exkurs zeigt, wie komplex Wut ist. Sie gilt in den meisten Kulturen als verwerflich und ist gesellschaftlich nicht akzeptiert. Sie entspricht nicht dem erwarteten Sozialverhalten – zumindest im Globalen Norden. Dabei ist einer der hartnäckigsten Mythen, dass Wut schlecht für die Gesundheit sei.

Eine Studie aus dem Jahre 2014, die im *European Heart Journal* veröffentlicht wurde, untermauert diese Vermutung. Sie bewies, dass es einen unmittelbaren Zusammenhang zwischen intensiven negativen Emotionen und dem Risiko für Herzinfarkt und Schlaganfall gibt. Doch damit beginnen schon die Probleme. Wut wird in den Sammeltopf der »negativen Emotionen« geworfen. Die Behauptung, dass Wut etwas Schlechtes sei, zieht sich wie ein roter Faden bis in die Wissenschaft. Dabei beweist die Arbeit von Shinobu Kitayama, Jiyoung Park und Jennifer Morozink Boylan, dass unsere Kultur unser Verständnis von positiven und negativen Emotionen beeinflusst. In einer Studie aus dem Jahr 2015 mit Teilnehmer:innen aus den USA und Japan stellten die Forscher:innen fest, dass Wut in bestimmten Kulturen tatsächlich mit einer besseren statt einer schlechteren Gesundheit verbunden sein kann.

> »Viele von uns – in den westlichen Gesellschaften – glauben naiverweise, dass Wut schlecht für die Gesundheit ist, und Überzeugungen wie diese scheinen durch die jüngsten wissenschaftlichen Erkenntnisse untermauert zu werden«, sagt der Psychologe Shinobu Kitayama von der Universität Michigan. »Aber unsere Studie legt nahe, dass die Binsenweisheit, die Wut mit schlechter Gesundheit verbindet, nur innerhalb der kulturellen Grenze des ›Westens‹ gültig sein könnte, wo Wut als Index für Frustration, Armut, niedrigen Status und alles andere, was die Gesundheit potenziell gefährdet, fungiert.«

Diese Ergebnisse zeigen, dass Wut nicht das Problem ist, sondern unsere Konventionen. Sie beeinflussen, wie wir unsere Gefühle zeigen, was wiederum durch unsere Gesellschaft beurteilt wird, und das verändert unsere Selbstwahrnehmung. In früheren Arbeiten stellten Kitayama und seine Kolleg:innen fest, dass Wut in Japan ein Signal für einen hohen gesellschaftlichen Status ist. Kultureller Kontext spielt also eine große Rolle bei der Erforschung und Einordnung von Wut.

Noch einmal zur Psychologie. Die Definition davon, was Wut ist oder wie sie sich im Verhalten manifestiert, orientiert sich laut Brigitte Bauer, die diese Frage in *Sanftmütige Männer — dominante Frauen: Wut und Aggression unter der Geschlechterperspektive* analysierte, an dem Prototyp Mensch. Der ist allerdings gar nicht so neutral oder prototypisch wie von der Wissenschaft proklamiert, sondern ziemlich spezifisch: ein *weißer*, heterosexueller cis Mann. Bei der Suche nach dem Ursprung und der Überlegung, was Wut ist, sollten die Fragen aber doch eigentlich lauten: Wie ist Wut, und für wen ist sie?

Bei Zuschreibungen wie offen, laut, stampfend, brüllend – also all dem, was uns die Popkultur in Bild, Text, Ton und Video liefert –, handelt es sich aber auch gleichzeitig um Beschreibungen, die zu Aggression passen. Dabei liegt schon ein großer Fehler darin, Wut und Aggression miteinander zu vermischen. Denn Wut ist die Ursache und Aggression die Wirkung. Aggression ist eine Verhaltensweise, die durch eine Emotion, also auch durch Wut, ausgelöst wird. Wut und Aggression sollten deshalb nicht synonym verwendet werden. Doch genau Letzteres steht in theoretischen Modellen stets im Mittelpunkt. Und wenn sich Wissenschaft, Psychologie im Speziellen, und Popkultur bei der Definition von Wut ausschließlich an diesem engen

Modell orientieren, wie steht es denn dann um den Rest von uns?

Es ist ähnlich wie bei einem Herzinfarkt. Die Symptome sind bekannt: Der linke Arm schmerzt, die Person schwitzt, fasst sich an die Brust und kippt um. Doch dies beschreibt keinen typischen Herzinfarkt. Dies beschreibt einen Herzinfarkt bei Männern. Bei Frauen verläuft er ganz anders. Sie erleben Kurzatmigkeit, Schweißausbrüche, Rückenschmerzen, Übelkeit, Erbrechen und Schmerzen im Oberbauch. Nicht gewusst? Ging mir ähnlich. Männer erleiden zwar häufiger einen Herzinfarkt als Frauen, aber sie sterben seltener daran. Mit ein Grund dafür ist, dass die Symptome des »männlichen« Herzinfarkts besser bekannt sind. Zusätzlich fokussieren sich Daten über Herzinfarkte auf cis Frauen und Männer.

Zurück zur Wut. Was ist, wenn wir Wut gar nicht verstehen, weil wir nie gelernt haben, wie sie sich anfühlt?

»Ich bin nicht wütend. Ich bin eher traurig«, erklärte meine beste Freundin am Telefon, als ich sie fragte: Wann warst du das letzte Mal wütend? Neun von zehn Frauen antworten: Ich bin nicht wütend. Nie und nimmer? Doch schon. Aber halt nicht so *richtig* wütend.

Wir haben verinnerlicht, Wut nicht empfinden oder verbalisieren zu dürfen. Das hat eine lange Historie. Wut wurde für Frauen ziemlich lange kriminalisiert. Die Journalistin Anne Dittmann schreibt, dass im Europa des 17. und 18. Jahrhunderts Ehemänner nörgelnden Ehefrauen zu Hause eine Schandmaske um den Kopf legen durften. Die Vorrichtung aus Stahl besaß einen Mundknebel mit einer dornenbestückten Metallplatte, die die Zunge der Frau im Zaum halten sollte. Heute beißen sich viele Frauen selbst auf die Zunge.

Wenn wir Wut erforschen, erforschen wir etwas, das wir nicht präzise erklären können, aus einer sehr schmalen cis-männlichen Perspektive. Wir verwenden Wut als Synonym für Aggression und verstehen sie gar nicht so recht. Trotzdem herrscht Konsens darüber, dass Wut schlecht und zerstörerisch sei. Sogar Gerichte erkennen an, dass Menschen in Wut »wie von Sinnen« agieren. Die Affekthandlung bezeichnet in der Kriminologie eine reaktive Handlung, deren Ablauf vom Ausführenden (sic!) nicht beherrscht wird und die durch intensiv empfundene und meist kurz andauernde Gemütserregungen (Affekte) motiviert ist. Dies können Regungen des Zornes, der Wut, der Angst und des Ärgers sein. Wenn eine Person einen Mord im Affekt begeht, wird die Strafe vermindert, was nicht geschieht, wenn der Mord kalkuliert und geplant ist. Wir verbinden Wut damit, dass wir die Beherrschung verlieren, dass wir außer Kontrolle geraten und unsere Wut an anderen Menschen auslassen. Wir gehen davon aus, dass Wut dasselbe ist wie ein unkontrollierbarer Anfall von Gewalt und Zerstörung.

Wut kann selbstverständlich schlecht sein. Wut kann Existenzen zerstören. Doch sie kategorisch zu verdammen, ist unlogisch und schädlich für uns. Evolutionsbiologisch ist Wut die stärkste natürliche Waffe der Menschen – genau deshalb hat sie sich im Laufe der Evolution zu einem festen Bestandteil unserer Gefühlswelt entwickelt. Wut ist ein intensiver Affekt und gehört zur Ausstattung unseres Organismus. Wir brauchen die Wut, die mit Erregungssteigerung verbunden ist, zum Überleben. Ohne heiße Wutreaktionen keine Lebendigkeit. Und auch keine Möglichkeit, sich als ein Selbst zu erleben, das bestimmt, was es möchte und was nicht. Denn das Momentum, das durch Wut durch den Körper schnellt, kann produktiv sein, verändern und Neues schaffen.

SCHÖNE NEUE WUT-ÄRA

Mit dem medial polarisierenden Bahnhofsprojekt Stuttgart 21 ab 2010 sowie kontroversen Büchern begann in Deutschland eine neue politische Mobilisierung, und die hatte eine Agenda: Veränderung durch Wut. Der Journalist Dirk Kurbjuweit gab dem Phänomen in einem *SPIEGEL*-Essay einen Namen: Der Wutbürger. Der Wutbürger läutete eine ganz neue Art der Bürgerinitiative ein. Es gibt zwar auch andere dunkle Stunden in der deutschen Historie – eigentlich überproportional viele –, in der Wut als Mittel eines politischen Momentums genutzt wurde. Trotzdem ist es seit 2010 zu einem journalistischen Gemeinplatz geworden, zu sagen, dass wir in einem Zeitalter der Wut leben. Der Wutbürger, wie Kurbjuweit ihn charakterisiert, bricht mit der »bürgerlichen Tradition, dass zur politischen Mitte auch eine innere Mitte gehört, also Gelassenheit, Contenance. Der Wutbürger buht, schreit, hasst. Er ist konservativ, wohlhabend und nicht mehr jung. Früher war er staatstragend, jetzt ist er zutiefst empört über die Politiker.«

Die Charakteristika des Wutbürgers sind empirisch belegt. Der Wutbürger ist männlich, Rentner und hat einen akademischen Abschluss. Die Studie kalkuliert, dass sich zwischen 2015 und 2035 Hunderttausende »hochmotivierte und rüstige Rentner in den öffentlich vorgetragenen Widerspruch begeben.«

Im Herbst 2014 folgte Pegida, die islamfeindliche und rassistische Organisation »Patriotische Europäer gegen die Islamisierung des Abendlandes«. In Dresden gestartet, weitete sich die Bewegung auf viele weitere deutsche Städte aus. Anhänger:innen wettern gegen die Europäische Union, Einwanderungs- sowie Asylpolitik in Deutschland und »Fremde«, was nach Pegida-Definition alle nicht-*weißen* Menschen umfasst.

Der folgende Aufstieg der Afd mit ihrem Einzug in den Bundestag zapft den Frust der Mittelschicht an. Diese Menschen haben die Nase voll von der Establishmentökonomie, der Establishmentpolitik und den Medien des Establishments. Alles Etablierte ist der Feind. Dann kam der Brexit, der laut dem Leitartikel des *Economist* mit dem Titel »The Politics of Anger« auf die »Wut« über Einwanderung, Globalisierung und Sozialliberalismus in den »heruntergekommenen Notstandsgebieten Englands« zurückzuführen sei und dort die »Abwanderungsabstimmung« angeregt hatte. Ist also kein deutsches, sondern ein internationales Problem.

Protestparteien mit Wut als Stimmfangtaktik haben es sich bereits in vielen weiteren Parlamenten in der EU ziemlich gemütlich gemacht, beispielsweise in Österreich, Dänemark, Schweden, Italien und Frankreich, um nur einige unserer Nachbar:innen zu nennen. Ähnlich steht es um die USA. 2016 wurde mit Donald Trump ein Mann ins Amt gewählt, der sich selbst als »sehr, sehr wütend« beschrieb und »den Mantel der Wut gerne annehmen« wollte. Was er in seinen Tweets beweist, die er grundsätzlich mit großen Lettern verziert. Er schreit und speit ins Netz. Judith Butler analysierte, dass die Trump-Wähler:innen eine »gewaltige Wut gegen Migranten, gegen ethnische Minderheiten, gegen *Black Lives Matter* und gegen Frauen« haben.

Seit Beginn der Coronapandemie in Deutschland 2020 sehen wir die Paraden der Maskenverweiger:innen. Sie vergleichen das Tragen von Masken mit dem eines Judensterns und fühlen sich in ihrer Rebellion gegen die Infektionsschutzmaßnahmen der Widerstandskämpferin Sophie Scholl nah. Dabei demonstrieren sie mit Nazis, Rechten und Reichsbürger:innen in der Annahme, dass es sich bei der weltweiten Pandemie um eine gigantische Verschwörung handle. All das gipfelte im August 2020 in einen beängstigenden Moment, als vornehmlich Rechtsextreme und Reichsbürger:innen versuchten, das Berliner Reichstagsgebäude zu erstürmen. Sie sind dabei bis vor den Eingang und auf die Treppen gelangt.

Wenn man diese Ereignisse beobachtet, ist es nachvollziehbar, dass viele Menschen glauben, dass wir aktuell in einer Wut-Ära leben. Selten wird jedoch ein Beweis dafür angeboten, dass Menschen tatsächlich in Wut handeln. Warum heißen die vermeintlichen »Wutbürger« nicht »Motzbürger«, »Unzufriedene Bürger« oder »Gelangweilte Bürger, die nach dem Rasenmähen eine Beschäftigung suchen und deshalb glauben, dass Angela Merkel eine Echse sei«?

Es sind nicht nur wir Journalist:innen, die an unseren Schreibtischen und bei den Spaziergängen durch solche Demonstrationen den jeweiligen Menschen Wut attestieren. Diese Personen greifen selbst eifrig zu Begriffen wie »Wut« oder »Zorn«, um ihre Gefühlswelt einzuordnen. Sie kreieren eine aufbrausende Dringlichkeit, in einem politischen Klima, wo sie vermutlich eher frustriert sind oder sich ungesehen fühlen. Sie wollen vornehmlich eines: Aufmerksamkeit. Dabei bedienen sie sich des stärksten Wortes: Wut. Klingt halt deutlich besser als Frust.

»Politischen Protest mit dem Begriff Wut zu erklären, wird bösartig zirkulär, wenn der Begriff »Wut« einfach für ›die emotionale Reaktion, die zu politischem Protest führt‹ oder ›die durch Entbehrung erzeugte Emotion‹ verwendet wird«, so der Emotionsforscher Thomas Dixon. Diese begriffliche Schwammigkeit, die wir als Gesellschaft einfach so hinnehmen, spielt genau denen in die Karten, die sich durch Polarisierungen nähren.

Nicht nur in der Wut an sich liegt eine große Kraft, sondern der Begriff »Wut« reicht schon aus. Das Wort hat bereits Macht. »Unruhebürger« klingt eben nicht gefährlich, nicht so relevant, nicht nach einem großen Brand, auf den wir alle dringend blicken und den wir gemeinsam ganz schnell löschen müssen.

Doch wo sind in der vermeintlichen Wut-Ära denn all die Frauen? Sind Frauen denn nicht wütend? Immerhin gab es #MeToo, und die *Black Lives Matter*-Bewegung wurde vornehmlich von Schwarzen Frauen initiiert. Frauen umfassen ein Drittel der Demonstrationsteilnehmer:innen im Energie- und Stadtentwicklungsbereich. Sie sind vor allem bei Protesten im Bildungs- und Schulbereich mit rund 75 Prozent vertreten.

Aber wir leben in einer Welt, in der männlicher Wut mehr Aufmerksamkeit geschenkt wird.

WÜTENDE FRAUEN

Wütende Frauen sind im Crash-Raum. Das ist ein Ort, an dem man Geld bezahlt und dann einen Vorschlaghammer oder einen Baseballschläger und eine Schutzbrille erhält. Je nach Gusto. Dann geht es in einen Raum, der an ein klassisches Wohnzimmer erinnert. Möbel im 70er-Jahre-Flair, Heavy-Metal-Musik dröhnt aus den Lautsprechern, und eine Stunde lang kann man alles zerstören. Auf den alten Fernseher dreschen. Die grässlichen Möbel zerhacken. Vasen und Tassen zerschlagen, bis ihre Scherben wie kleine Juwelen über den Boden verstreut liegen. Treten, schlagen, zerschmettern – man ist da ganz allein. Nur man selbst und die Wut. Ohne dass irgendjemand einen sieht. Klingt großartig, oder? Deshalb sind laut Christian Block, dem Betreiber eines Wutraums in Berlin-Lichterfelde, Frauen mit 70 Prozent die dominanteste Kund:innengruppe.

In unserer Gesellschaft gibt es keinen Platz für die Wut von Frauen. Außer sie zahlen 150 Euro und gehen in einen geschlossenen Raum dafür. Oder sie halten es wie die Popsängerin Beyoncé im Musikvideo zu ihrem Song *Hold Up*. In einem zitronengelben Tüllkleid und auf hohen, mit Strasssteinen besetzten Plateauschuhen spaziert Bey durch die Straßen von St. Louis. Sie grinst, und ab und zu schwingt sie lässig einen Baseballschläger, um damit auf Autos am Straßenrand einzuschlagen. Das Musikvideo gehört zu ihrem Album *Lemonade*, auf dem sie mit der Untreue ihres Ehemanns abrechnet.

Echte Wut ist nicht so sexy. Verzerrte Lippen, gefletschte Zähne, die Stirn ist in Falten gezogen, aufgeblähte Nasenflügel – es ist schon eine hässliche Emotion.

Die Gesellschaft straft eine wütende Frau ab. Wie unter anderem mit dem Unwort, das jede Frau an einem gewissen Punkt hören musste, und zwar hysterisch. Den Begriff haben wir einem alten *weißen* Mann zu verdanken, so die Journalistin Anne Dittmann:

> »›Hysterie‹ kommt aus dem Altgriechischen von ›hystéra‹ und bedeutet Gebärmutter. Es war Hippokrates, der Hysterie zu einer körperlichen und psychischen Störung erklärte, die von einer ›rasend gewordenen‹ Gebärmutter ausgelöst wird, wenn die Frau zu lange nicht penetriert wurde. Anders ausgedrückt: Wütende Frauen sollten also ordentlich ge***** werden, um sich wieder entspannen zu können. Hallo?!«

Wir kennen dieses Narrativ. Ich bin bereits in der achten Klasse damit in Berührung gekommen, und zwar dank meiner Erdkundelehrerin, die ich hier Frau Siebert nenne. Sie war immer »gereizt und unentspannt«. Gern gewählte Euphemismen für Frauen, die für ihr Recht einstehen und die dann schnell als frigide bezeichnet werden. In Retrospektive war Frau Siebert eine Feministin, aber damals empfanden wir Mädchen sie als unangenehm. Den Großteil unserer Zeit verbrachten wir nämlich damit, uns aufzubrezeln oder uns mit diversen Maßnahmen so zu verändern, dass die Jungs unsere Klugheit unter einer Tonne Make-up nicht erkannten. Also wenig Zeit, um über die Ungerechtigkeiten unserer Emotionswelt nachzudenken oder zu begreifen, welche Lektionen Frau Siebert über die Geografie hinaus auf Lager hatte. Sie war unter den anderen Lehrer:innen als »kompliziert« bekannt. Als ich zum Klassenbuchdienst verdonnert wurde, überhörte ich folgendes Gespräch im Lehrer:innenzimmer: »Ach die Siebert! Die ist immer so anstrengend«, sagte mein Chemielehrer. Worauf mein Mathelehrer grinsend antwortete: »Ich habe gehört, dass sie schon seit fünf Jahren geschieden ist. Sie lebt allein.« Ein bedeutungsschweres Schweigen folgte, welches mein Chemielehrer mit dem Satz durchbrach: »Mensch, die muss mal endlich wieder ...«, Grinsen und dann, »du weißt schon!«

Wütende Frauen sind stark. Starke Frauen sind schwierig. Und die will keine:r haben! Monika Odum ist seit 33 Jahren Krankenschwester. Als sie noch »am Bett« auf der Intensivstation arbeitete, wurde sie die »Bitch der Station« genannt. »Dabei finde ich den Begriff überhaupt nicht schlimm«, sagt sie. »Ganz im Gegenteil. Wir – ein paar Kolleginnen und ich – haben ihn uns *erarbeitet*. Die jungen Assistenzärzt:innen hatten Angst vor mir. Ich war ihnen in der Zusammenarbeit zu aufmüpfig, anstrengend und unbequem.«

»Frauen sind genauso ärgerlich wie Männer«, so Dr. Ursula Hess, Emotionsforscherin und Professorin an der Humboldt Universität. »Wenn wir Männer und Frauen ins Labor holen – was wir öfter machen – und sie ärgern, bis sie sich richtig aufregen, reagieren Männer und Frauen gleichermaßen ärgerlich.« Trotzdem denken wir, dass Frauen nicht so wütend sind wie Männer.

Die Forscherin Agenta H. Fischer fand 2000 durch ihre Arbeit *Gender and Emotion: Social Psychological Perspective* heraus, dass Männer eher bereit sind, sich in Situationen zu begeben, in denen Wut die Konsequenz sein wird. Frauen nicht. Sie regen sich zwar auch auf, vermeiden es aber, wütend zu werden. Die Psychologin Dr. Ursula Hess sagt: »Wut hat viele positive Elemente. Menschen, die ärgerlich reagieren, werden häufig auch als fähiger, kompetenter und kräftiger wahrgenommen.«

Genau das erlebt Monika Odum im Krankenhaus. Sie nutzt ihre Wut als Werkzeug. Ihre Wut ist in diesem Kontext nützlich. Dabei steht für sie der Schutz ihrer Patient:innen an höherer Stelle als die gesellschaftlichen Normen. »Wut zu demonstrieren, hat auch viel damit zu tun, in was für einem Setting du dich bewegst. Ich bediene mich des Stereotyps der Drachenschwester. Dabei ist es mir egal, was die Leute über mich denken. Das macht mich frei«, sagt sie.

Auch die Autorin, Journalistin und Kabarettistin Dr. Michaela Dudley setzt ihre Wut regelmäßig ein. Sie berichtet beispielsweise, wie sie vor einigen Tagen beim Verlassen eines Gebäudes einer anderen Frau die Tür aufhielt. »Als sie an mir vorbeibrauste, sagte sie etwas Abfälliges und dass ich ihr nicht genug Platz gemacht hätte.« Dabei musste Michaela Dudley ihr überhaupt nicht die Tür aufhalten. Es war eine kleine freundliche Geste. Da nutzte eine Unbekannte ihre Nettigkeit aus. Um begreiflich zu machen, dass frau nicht so mit ihr umgeht, hielt Michaela Dudley ihr eine Standpauke. »Nach zehn Minuten hat sie sich in der Tat entschuldigt und sich freundlich von mir verabschiedet.« Wut kann also trotz Konfrontation in Harmonie enden.

Die Situation hätte auch ganz anders verlaufen können. Der eine Weg wäre, dass Michaela Dudley den eigenen Ärger an der Übeltäterin entlädt. Ein klassisches Wut-Narrativ. Die zweite Alternative wäre, die Situation gar nicht zu thematisieren. Es stattdessen mit sich selbst auszumachen, sich den ganzen Tag darüber aufregen, den Ärger mit sich herumschleppen und letztlich all die Emotionen zu internalisieren. Michaela Dudley nutzte ihre Wut anders. »Ich will keine Sonderrechte, sondern Mächte. Ich möchte respektiert werden, und das habe ich zu erwarten. Genau das habe ich der Frau gesagt.«

Monika Odum und Dr. Michaela Dudley lieben ihre Wut. Sie umarmen sie. Für sie ist es eine warme Kraft. Andere unterdrücken sie lieber. Statistisch halten sich Frauen häufig zurück, damit Konflikte gar nicht erst stattfinden. Sie gehen gar nicht so weit, den Ärger zuzulassen.

»Eine wütende Frau verliert an Status, ganz gleich, in welcher Position sie ist«, stellte eine Gruppe von US-Psycholog:innen um Victoria L. Brescoll von der Universität Yale fest. Sie zeigten Proband:innen Videos wütender Menschen. Ihr Resümee lautete: Die Wut der Männer wurde positiv gewertet, die der Frauen negativ. Der offene Umgang mit Wut ist bei Männern eine akzeptierte Verhaltensweise, Frauen hingegen müssen oft Ablehnung fürchten.

Ein Großteil der Frauen rastet lieber in einem geschlossen Raum aus, weil wir ganz früh verinnerlichen, wie wichtig es für die öffentliche Wahrnehmung ist, dass wir unsere Anliegen freundlich vortragen. Sonst nimmt man uns nicht ernst.

Ein prominentes Beispiel dafür ist die ehemalige SPD-Chefin Andrea Nahles. Nach einem Jahr an der Spitze haben Medien vor allem an ihre laute Art und ihre ironischen »In die Fresse«- und »Bätschi«-Sprüche nach der Bundestagswahl 2017 erinnert. Gerhard Schröder, Sigmar Gabriel oder Peer Steinbrück, der sich mit erhobenem Mittelfinger für ein Magazin-Cover ablichten ließ – sie waren rotzig, impulsiv. Jungs halt. Nahles aber war von Anfang an zu laut, zu dominant, zu wütend, auch wenn sich ihre Wortwahl und Ausdrucksweise kaum von der dieser Männern unterschied.

Obwohl ich diese Zeilen aus einer sicheren Distanz schreibe, spüre ich den Wunsch, mich selbst von diesem Gefühl zu befreien. Wenn ich an meine eigenen Wutmomente zurückdenke, stelle ich fest, dass auch ich meist eher traurig als wütend war. Dass mein loderndes Feuer in Wuttränen erlosch. Schluchzend, bibbernd, theatralisch das Taschentuch zückend ist eben damenhafter als eine stampfende Frau, die Feuer speit. Wasser ist fließend, ruhig. Es sorgt dafür, dass einem jemand zu Hilfe eilt. Es positioniert mich als Opfer. Als ein zu rettendes Wesen. Trauer lähmt. Wut hingegen zerstört. Sie brennt Städte nieder. Sie gibt mir Kraft. Traurig sein ist selbstlos, und Wut ist egoistisch. Tränen sind sympathisch und Brüllen kompliziert. Wir Frauen sind doch dafür da, um zu versorgen, freundlich zu sein und als Streitschlichterinnen zu fungieren. Es steckt in unseren Genen. Männer lassen ihrer Wut freien Lauf, nehmen Raum ein, und Frauen sollen sich kleinmachen, keinen Ärger verursachen. Wir sollen schrumpfen.

Wir hängen häufig diesem Idealbild einer Frau nach, die über allem schwebt, der man nichts entgegenschleudern kann, weil sie so in sich ruht, dass alles an ihr abprallt. Eine Person, die eigentlich nichts fühlt. Genau dieses Bild einer Frau wird belohnt. Sie ist erstrebenswert, geduldig und sympathisch. Eine Frau, die auf Ungerechtigkeiten aufmerksam macht, für sich einsteht oder Raum einnimmt, gilt als schwierig.

Als sich Kamala Harris und Mike Pence bei der TV-Debatte der Vizepräsident:innen im November 2020 gegenüberstanden, wurde im englischsprachigen Raum das Wort »Smirking«, was zu deutsch Grinsen bedeutet, zum Inbegriff eines Phänomens, das viele Frauen vermutlich schon in ihrem Leben einsetzen mussten: das unterdrückte Wutlächeln. Die Augen werden klein, das Lächeln steif. Wir ballen also die Fäuste, graben unsere Nägel in unser eigenes Fleisch, beißen uns auf die Zunge und machen es irgendwie mit uns selbst aus. Versuchen, entspannt zu bleiben. Weil: *This is a man's world.* Oder, um genauer zu sein: eine Welt, die primär von *weißen*, heterosexuellen, nicht behinderten cis Dudes bestimmt wird.

Die Emotionsforscherin Agneta H. Fischer schreibt in ihrem Buch *Gender and Emotion*, dass Frauen ihre Wut eher gegenüber einer vertrauten Person ausdrücken als vor Fremden. Was logisch klingt, nachdem öffentliches Ausrasten von Frauen einem gesellschaftlichen Tabu entspricht. Fischer entdeckte aber auch, dass die Wut von Frauen sich gegen Personen oder Objekte richten kann, die dem Grund ihrer Wut ähnlich sind. Wenn eine Frau beispielsweise sauer auf jemanden ist, der sie ghostet, aber es nicht schafft, das dieser Person klarzumachen, wird die nächste Person, die sie ghostet, als Projektionsfläche herhalten müssen.

Viele Frauen führen ein Doppelleben. Wir bewegen uns in einer Welt, in der wir nie so wütend sein dürfen wie Männer – auch wenn wir diese Emotion genauso intensiv und häufig fühlen. Manche Studien zeigen sogar, dass Frauen mehr Wut empfinden als Männer. Andere wiederum ergeben das Gegenteil. Allerdings zeigen Studien einheitlich, dass Frauen in ganz anderen Situation wütend werden als Männer.

Frauen berichten über mehr Wut nach Verrat, Herablassung, Zurückweisung, unbedachter Kritik oder Nachlässigkeit, während Männer über mehr Ärger berichten, wenn ihre Partnerin launisch oder selbstbezogen ist. Männer sind also über alles sauer, was mit Frauen zu tun hat, und Frauen über alles andere.

Dass so viele Frauen ihre eigene Wut nicht mögen und lieber zu Tränen statt zu Aggression greifen, ist keine natürliche Entwicklung, sondern wurde über Jahrhunderte kultiviert. Dass die Wut von Frauen quasi verboten wird, basiert laut der Psychologin Teresa Bernardez auf drei Faktoren. Erstens auf der gesellschaftlichen Stellung der Frau als Untergebenen, zweitens auf der gesellschaftlichen Notwendigkeit, Frauen in Dienstleistungsaufgaben zu halten, und drittens auf der Rolle des »weiblichen Ideals«, das in seiner Konstruktion sowohl die Unterordnung als auch das Dienen und Kümmern enthält.

> »In unserer Gesellschaft sind diese Verbote größtenteils unbewusst und hindern Frauen daran, sich offen zu beschweren, durchsetzungsfähig zu sein und Protest in eigener Sache zu äußern. Diese Verbote werden durch irrationale Ängste vor der zerstörerischen Kraft von Frauen verstärkt. Ängste, die in der Kindheit erworben wurden.«

Die Arbeit von Teresa Bernardez stammt aus den Achtzigern. Trotzdem fühlt sich ihre These knappe vierzig Jahre später immer noch aktuell an.

Frauen machen weiterhin den größten Teil an Angestellten in sogenannten Care-Berufen aus. Das umfasst die Tätigkeit als Krankenschwester, Erzieherin oder die Sachbearbeiterin in der örtlichen Gemeinde. Im Gesundheits- und Sozialwesen etwa sind mehr als drei Viertel der sozialversicherungspflichtig Beschäftigten Frauen.

»Berufe, die man typischerweise als ›Frauenberufe‹ versteht, werden schlechter entlohnt«, erklärt Ilona Mirtschin, Arbeitsmarktexpertin der Bundesagentur für Arbeit in Nürnberg. Ähnlich sieht es in dem Bereich Erziehung und Unterricht aus.

Ein spannender Punkt ist die Verteilung zwischen Grundschullehrer:innen versus Lehrkräften in der Oberstufe. Nur einer von zehn Lehrenden an Grundschulen ist ein Mann. Wer verdient wohl mehr? Die Grundschullehrerin oder der Oberstufenlehrer?

Frauen verdienten 2019 durchschnittlich 19 % weniger als Männer – pro Stunde. Weiterhin hält sich der Mythos aufrecht, dass Frauen sich gerne kümmern. Dass ihre Entlohnung nicht nur monetär, sondern dass es auch eine persönliche Erfüllung für sie sei, für die Gesellschaft zu sorgen. Meine beste Freundin, die seit über vierzehn Jahren als Pädagogin arbeitet und mehr Überstunden akkumuliert, als sie ausgezahlt bekommt, würde sich über mehr Geld auf ihrem Konto mehr als freuen – viele ihrer Geldsorgen würden verschwinden.

Sie liebt ihren prekären Job. Aber ihre Finanzen sind aktuell knapp, ihre Rente wird mies. Aber klar, sie opfert sich für die Gesellschaft. Wenn sie sich darüber beschwert, ist sie zu emotional. Würden mehr Männer in einem so prekären Beruf arbeiten, dann wäre dieses Problem schon längst aus der Welt geschafft.

In traditionellen Männerberufen, wie Automechatroniker, Bauarbeiter oder Handwerker verdienen Männer immer noch besser als Frauen in traditionellen Frauenberufen wie Friseurinnen, Erzieherinnen, Krankenschwestern oder Altenpflegerinnen. Die Lösung ist aber nicht, dass Frauen programmieren lernen und in einen klassischen »Männerberuf« gehen. Denn da würden sie auch weniger verdienen als ihre Kollegen.

Natürlich finden viele Menschen diesen Verdienstunterschied nicht in Ordnung. Doch die Münchner Sozialforscherin Katrin Auspurg und ihre Kolleg:innen haben in einer Studie gezeigt, dass heute zwar fast jede:r grundsätzlich befürwortet,

Frauen und Männer gleich zu bezahlen, aber in konkreten Fällen viele eine völlig andere Haltung einnehmen. Die Forscher:innen folgerten daraus, dass Männer und Frauen unbewusst eine Lohnlücke von 8 % zwischen den Geschlechtern als gerecht empfinden. Dieser Effekt zeigte sich vor allem dann, wenn es um hochqualifizierte Beschäftigte ging. Viele halten es für fair, wenn eine Managerin weniger verdient als ihr männliches Pendant. Auch Frauen denken, dass Männer es verdienen, mehr Geld zu erhalten. Weil wir mit dem Gedanken groß werden, dass die Arbeit, Gedanken, Ansichten und Perspektiven von Männern wertvoller sind als die von anderen Menschen.

> »Es zieht sich durch die ganze Pflege. Es ist eine Indoktrination. Ein Appellieren, dass wir, um Leben zu retten, uns selbst verausgaben müssen. Es ist kein Beruf, sondern eine Berufung«, erklärt Monika Odum, die seit über drei Jahrzehnten als Krankenschwester arbeitet. »Und dann merkt man, dass Imperien auf dieser Indoktrination aufgebaut werden. Man merkt, dass die Arbeitgeber uns ausnutzen. Man kann nichts dagegen tun. Es ist ein systematisches Problem. Es ist viel zu viel Arbeit für viel zu wenig Hände. Und man denkt immer, dass es das eigene Versagen ist. Es wird uns auch suggeriert. Es wird nicht dagegengesprochen. Wir alle wissen um den Pflegenotstand. Aber ich kann ein systemisches Problem nicht als Einzelperson lösen, und ich mache ein systemisches Problem nicht zu meinem persönlichen.«

Die Journalistin, Kolumnistin und Autorin Alena Schröder ist überzeugt, dass der einzige Grund dafür, warum die Welt noch nicht in Flammen steht, an der Fähigkeit von Frauen liegt, ihre Gefühle im Griff zu behalten.

> »Wenn die weibliche Hälfte der Menschheit mit ihrer berechtigten Wut über Sexismus und Unterdrückung genauso umgehen würde, wie es die männliche Hälfte der Menschheit in den vergangenen Jahrtausenden getan hat, läge das Patriarchat längst in Trümmern. Und der Planet wahrscheinlich auch.«

Das sorgt dafür, dass auch ich meine Wut umarme. Sie verändert sich. Sie wird tiefer. Es ist keine geschüttelte Sprudelflasche mehr, die beim Öffnen explodiert und unkontrollierbar in alle Richtungen verspritzt. Sie durchglüht meine Welt. Sie ist konstant präsent. Genau das ist der Grund, weshalb ich dieses Buch schreibe. Ich plädiere für eine revolutionäre Wut-Katharsis. Ich möchte, dass wir anfangen, einander zu erklären, warum es in Ordnung ist, wütend zu sein. Nicht, weil die nicht ausgelebte Wut von Frauen die Ursache des Problems wäre. Es ist nur eine von vielen Auswirkungen. Sondern weil der Wille, die Wut von Frauen zu kontrollieren, aus einer Angst herrührt. Der Angst vor Rache. Der Angst vor echter Gleichbehandlung. Was würde passieren, wenn Frauen genauso viel Geld erhielten wie Männer? Sie hätten mehr Freiheit, weil eine finanzielle Grundversorgung mehr Möglichkeiten bietet. Mehr Macht. Mehr Raum. Mehr Wirkung. Menschen, die Imperien auf der Basis der Ungleichbehandlung aufgebaut haben, würden an Macht verlieren. Sie müssten teilen. Und auch wenn sie selbst von einer gerechteren Welt profitieren würden, weil sie immer noch mindestens 19 % mehr Gehalt bekommen würden, haben sie Angst davor. Diese Erkenntnis macht rasend.

EIN WUTLOSES LEXIKON

Eine Liste an Wörtern, die ich und viele weitere Frauen in diesem Buch bereits hören mussten, sobald wir wütend waren:

hysterisch
anstrengend
unneutral
emotional
sensibel
empfindlich
eine Furie
paranoid
unprofessionell
Zicke
Bitch
Psycho
gestört
kompliziert
Nörglerin
Schlampe
verrückt
schwierig
explosiv

unsachlich
temperamentvoll
exzentrisch
theatralisch
ungefickt
angespannt
übertrieben
aggressiv
unkontrolliert
irrational
toxisch
gruselig
furchteinflößend
aufbrausend
Spießerin
unentspannt
problematisch
cholerisch
unbeherrscht
sensibel

Doch eigentlich waren wir starke Frauen, die für ihr Recht einstanden.

FRAUEN UND WUT

SPURENSUCHE WEIBLICHER WUT
Wann verlernen wir unsere Wut?

Als ich acht Jahre alt war, trat ich meinem Klassenkameraden Louis in die Eier. Er zettelte einen Streit an. Ich weiß noch nicht mal mehr, worum es ging. Irgendwann trat ich zu. Er griff sich zwischen die Beine. Verzog sein Gesicht. Es war eigentlich ganz still. Kein Schreien oder Weinen. Leise Tränen flossen aus seinen Augen. Er fiel zu Boden. Plumps. Die anderen Kinder zeigten mit dem Finger auf ihn, und schon eilten die Lehrer:innen zu mir. »Ihr beiden kommt mit! SOFORT!«, rief meine damalige Klassenlehrerin. Meine Mutter wurde kontaktiert, der Direktor redete auf mich ein. In dem Gespräch ging es nie um die Frage, warum ich so reagiert hatte. Mir wurde erklärt, dass ich das Leben von Louis zerstört habe. Dass er eventuell keine Kinder kriegen könnte. Danach wurde ich direkt nach Hause geschickt mit dem Satz: »Du musst einen anderen Weg finden, mit deiner Wut umzugehen.« Meine Mutter und ich fuhren im Auto, und es war still. Sie drehte sich zu mir um und fragte, warum ich es getan habe, und ich antwortete: »Weil du mir erklärt hast, wenn ein Mann mir zu nahe kommt oder ich Angst kriege, soll ich ihm kräftig in die Mitte treten.« Sie nickte und stellte fest: »Stimmt. Das habe ich gesagt.«

Natürlich ist es nicht in Ordnung, einen anderen Menschen

zu verletzen. Wut hin oder her. Doch es gibt keinen Einführungskurs mit dem Titel »So gehst du in einer patriarchalischen und rassistischen Welt adäquat mit deiner Wut um. So als Frau«. Stattdessen lernen wir implizit und explizit, unsere Wut herunterzuschlucken.

> »Ich kann mich erinnern, dass ich als junges Mädchen unfassbar wütend war«, erklärt mir eine Freundin an einem kalten Winternachmittag. »Meine Mutter hatte mir erzählt, dass ich mit dem Kopf gegen die Wand gelaufen bin. Immer und immer wieder.« Danach ging es für sie zur Therapie. »Einmal waren wir bei meinen Großeltern. Ich war so wütend. Ich schrie so richtig herum. Da stellte meine Mutter mich unter die Dusche und spritzte mich mit kaltem Wasser ab«, erinnert sich Katharina.

Im Alter von etwa drei Jahren beginnt die Unterscheidung zwischen männlicher und weiblicher Wut. Das stellte ein Forscher:innenteam um Susan Sterkel Haugh in den Achtzigern fest. In Kalifornien zeigten sie Kindern im Vorschulalter Videos von Säuglingen. Dabei wollte das Team herauszufinden, ob die Kinder unsere gesellschaftlichen Geschlechtsstereotype bereits verinnerlicht hatten. Hatten sie. Auf einem Video sahen die Kinder zwei Säuglingen dabei zu, wie sie mit einem Xylofon, Bilderbüchern, Stofftieren, Puzzlen und vielen weiteren geschlechtsneutralen Gegenständen hantierten. Zudem achteten die Wissenschaftler:innen darauf, dass die Babys weder besonders männlich noch weiblich aussahen. Zu Beginn erklärten sie den Kindern, dass es sich bei den Babys um einen Jungen, Bobby, und ein Mädchen, Lisa, handelte. Ab dem Moment, wo die Drei- und Fünfjährigen erwarteten, dass eines der Babys ein

Mädchen war, beschrieben sie den Säugling, den sie als weiblich betrachteten, als traurig und den vermeintlichen Jungen als wütend. Unabhängig davon, ob das tatsächlich der Fall war.

Auch Bezugspersonen reagieren auf das Geschlecht von Kindern. Mütter sprechen ausführlicher mit Kindern, die sie als weiblich wahrnehmen, während Jungs stärker zu motorischen Aktivitäten motiviert werden. Vater-Sohn-Spiele beinhalten dreimal so häufig ausgelassene und wilde Momente als Mutter-Tochter-Spiele. Jungs werden häufiger und stärker bestraft, und die Mutter in Mutter-Tochter-Konstellationen thematisiert dreimal so oft Gefühle wie diejenige in Mutter-Sohn-Konstellationen. Mit Mädchen wird mehr über Traurigkeit gesprochen, mit Jungen eher über Konflikt, Wut oder Rache. Auch werden Mädchen eher zu Empathie und Perspektivenübernahme motiviert, bei Jungs kommt es schneller zu einem Machtwort.

Unser Geschlecht wird erlernt. Wut nicht so richtig oder zumindest nicht gleichmäßig. Eltern gehen überproportional auf die Wut von Jungen ein, gleichzeitig wird sie bei Mädchen übersprungen und ausgespart. Denn die Aufgabe von Mädchen und Frauen scheint zu sein, Frieden zu stiften. In diesem Prozess lernen Mädchen nicht, ihre Wut effektiv zu nutzen. Sie wird als ein zu kaschierender Makel postuliert. Das führt dazu, dass viele junge Frauen ihre eigene Wut nicht kennen oder verstehen. Sie ist ein zu optimierendes Problem. Etwas, das man mit genug Schlaf, einer gesunden Ernährung oder mit der Fähigkeit, Probleme rational zu lösen, überwinden kann. Somit wird Wut, eine evolutionär-biologisch relevante Grundemotion, ausradiert. Das führt dazu, dass wir die Wut von Frauen, obwohl sie sie genauso häufig wie Männer spüren, als deplatziert empfinden.

Der Prozess des Erwachsenwerdens ist holprig. Für Mädchen, für Jungen und vor allem für Personen jenseits dieser Binarität. Es entsteht ein Strudel aus heteronormativen Vorstellungen und konkreten Geschlechterzuschreibungen, die man angehalten ist zu erfüllen. Während ein bockiges kleines Mädchen zwar bedenklich, aber niedlich war, ist eine zornige Teenagerin ein Problem und eine erwachsene wütende Frau einfach nur peinlich. Jungen sollen sich »wehren können«, und Mädchen sollen »brav sein« und den Eltern das Leben nicht noch schwerer machen.

Depressionsraten unter Kindern sind zunächst ausgeglichen. Jungen werden im Kindergarten und in der Grundschule häufiger als »Problemkinder« betitelt und erhalten in weit höherem Maße als Mädchen Psychopharmaka wie Ritalin verschrieben. In der Pubertät kehrt sich dieser Umstand dann um. Ab dem Alter von etwa zwölf Jahren verdreifacht sich bei Mädchen die Depressionsrate. Während bei ihnen internalisierende, nach innen gerichtete, Verhaltensweisen überwiegen, beispielsweise Essstörungen oder Selbstverletzung, treten bei Jungen externalisierende, nach außen gerichtete, Verhaltensweisen wie Aggressivität auf. Weibliche Jugendliche klagen häufiger über Beschwerden und Unwohlsein als männliche, sind häufiger in medizinischer Behandlung und bekommen mehr Medikamente verschrieben. Die Liste der Symptome wird dabei von Kopfschmerzen, Nervosität, Unruhe und Konzentrationsschwierigkeiten angeführt.

In ihrem Buch *Speak Out! Die Kraft weiblicher Wut* wirft die Autorin Soraya Chemaly die Frage auf, ob diese psychologischen Auswirkungen eine Folge von *Self-Silencing* sind. Dieser Begriff ist von der Autorin Dana Crowley Jack und ihrem Werk *Silencing the Self – Women and Depression* geprägt und bedeutet, dass Frauen sich aufgrund der geschlechtsspezifischen Erwartungen unserer Gesellschaft innerhalb intimer Beziehungen selbst zensieren und einschränken. *Self-Silencing* stellt die Sorge um eine andere Person über das Wohl des eigenen Selbst und wirkt sich auf die psychologische Gesundheit von Frauen aus. Dieser Mechanismus beginnt bereits im Teenageralter. So schreibt Soraya Chemaly, dass wütende Mädchen im Schulalter dazu neigen, ihren Gefühlen keinen freien Lauf zu lassen, sondern sich zu verschanzen und Wege zu finden, ihre Interessen im Stillen zu wahren. Eltern sprechen mit ihren Töchtern mehr über Emotionen und verwenden eine breitere Palette von Wörtern für diese Emotionen. Die einzige Ausnahme sind negative Gefühle, zu denen Wut zählt.

Wenn Kinder die Intimität ihres Zuhauses verlassen und in Betreuungseinrichtungen wie Kindergärten, Sportvereine und religiöse Einrichtungen gehen, geraten sie unter sozialen Druck, sich gemäß gesellschaftlicher Stereotypen zu verhalten. Kinder stimmen ihre Reaktionen auf die Erwartungen der Erwachsenen ab, und diese zeigen Unbehagen, wenn sie mit einem wütenden oder fordernden Mädchen konfrontiert werden. Mädchen lernen also, ihre Wut zu unterdrücken. Erst wenn sie in die Pubertät kommen, leben sie Emotionen, einschließlich Ärger, wieder offener und häufiger aus. Erwachsene seien dann oft erstaunt, schreibt Chemaly, und würden sich fragen, was mit ihren süßen Mädchen passiert sei.

Die Pubertät ist die Emanzipationsphase von Kindern. Während dieser Zeit sollten sie eigentlich die Möglichkeit haben, ihre Persönlichkeit zu entfalten. Alle. Völlig unabhängig von ihrem Geschlecht. Genau in diesem Prozess stoßen besonders weiblich gelesene Jugendliche an eine Grenze, wenn nämlich von Ihnen erwartet wird, freundlich, geduldig und lieb zu sein, statt emotional, wütend und fordernd. Sie können die gesamte Breite ihrer Persönlichkeit nicht ausleben. Das kann krank machen und wirkt sich auch im Erwachsenenalter auf sie aus. Wie kann eine Frau eine gute Beziehung zu sich und ihrer Wut aufbauen, wenn sie nie den Raum erhält, die eigene Art des Ärgers zu schmecken? Es gibt keinen Trainingsplatz der Wut, um die eigene Form kennenzulernen, zu fühlen, sie zu regulieren und als Werkzeug zu nutzen. Nur weil die Gesellschaft verlangt, dass Mädchen lieb und brav sein sollen, heißt es nicht, dass sie keine Wut empfinden. Sie ist da. Wir lernen nur sehr früh, einen wichtigen Aspekt unserer Emotionsklaviatur zu kaschieren. Die Botschaft lautet, dass junge Mädchen und ihre Bedürfnisse, Gedanken und Belange irrelevant sind. Dass sie diese unterdrücken sollen. Sich selbst unterdrücken müssen. Nur so wird aus ihnen eine gute Frau. Eine, die nie wütend ist.

Wenn Frauen trotzdem ihren Ärger ausdrücken, gibt es Mechanismen, um sie einzudämmen. Dann wird sich auf den Fakt fokussiert, dass sie wütend sind statt auf den Grund. Wenn wir streiten, laut oder vielleicht sogar wütend werden, hören wir oft: »Man kann ja so nicht mit dir sprechen – du bist viel zu emotional.« In diesem Prozess ist der Ausgangspunkt am Ende egal.

»Es geht dann um Kosmetik, nicht mehr um Inhalte«, so Dr. Michaela Dudley. Die Forderung nach Neutralität ist eine patriarchalische, selbstverherrlichende, misogyne und rassistische Machtdemonstration. Denn wirklich neutral kann nur sein, wer von dem Problem, das diskutiert wird, nicht betroffen ist. Das sind Menschen, die nicht das Bedürfnis haben, die Ungerechtigkeit in unserem Alltag zu verändern. Und dieser Prozess dient dem Machterhalt.

Die Autorin Pauline Harmange erklärt in ihrem Buch *Ich hasse Männer*, dass lediglich privilegierte Menschen es sich leisten können, ruhig und mit Contenance zu argumentieren. Letztlich ändert aber die Form des Arguments nichts am Grund der Wut.

Sie schlussfolgert: Den Ton oder die Aufgebrachtheit unserer Gesprächspartner:innen zu thematisieren, ist eine Entscheidung. Zum einen entscheidet man sich dafür, dem Problem nicht auf den Grund gehen zu müssen, und zum anderen, das Problem nicht anzunehmen oder weiterhin zu ignorieren.

Schwarze Menschen und People of Color können davon ein Lied singen. »Neutralität« und »mangelnde Rationalität« sind Begrifflichkeiten, die wir stets und ständig hören, wenn über Rassismus oder Diskriminierung diskutiert wird.

Dieses Phänomen hat einen Namen: »Tone Policing.« So wird es genannt, wenn eine völlig berechtigte Beschwerde wegen der Art und Weise, wie sie vorgebracht wird, als irrational abgestempelt wird. Wer sein Anliegen vernünftig und ruhig vorträgt, werde gehört, wird immer wieder von den Gesprächspartner:innen betont. Wer laut und wütend kritisiert, sei unkonstruktiv und irrational. Auf die eigentlichen Argumente wird nicht eingegangen. Laut Dr. Michaela Dudley ist *Tone Policing* eine Art zu sagen: »Ich höre dir nicht zu. Diese Debatte wird wegen Formalitäten vertagt. Diese Diskussion führen wir heute nicht, weil du das Formular nicht richtig ausgefüllt hast.« Tone Policing unterdrückt bereits marginalisierte Menschen nur noch weiter. Und es ist eine lang etablierte Tradition, um Menschen von Entscheider:innenpositionen fernzuhalten.

Seit 1918 dürfen Frauen in Deutschland wählen. Gründe, warum sie es nicht dürfen sollten, wurden von Psychologen, Medizinern und Kirchenvertretern im 19. Jahrhundert reichlich vorgebracht: Das Hirn von Frauen sei zu klein, ihr Körper zu schwach, Mutterschaft und Haushalt entsprächen ihrer Natur sowie – und das ist mein liebstes Argument – Frauen seien einfach zu emotional für die Politik.

Um den Preußischen Innenminister Freiherr von Hammerstein zu zitieren: »Ich will nicht, dass Frauen in politischen Versammlungen mitreden. Ich glaube, es sähe traurig aus um unser preußisches Volk, um unseren preußischen Staat, wenn die leichte Erregsamkeit der Frauen in öffentlichen Versammlungen das Volk bewegen sollte.«

Heute können Frauen wählen. Doch sie haben nicht automatisch mehr Macht als zuvor. Das Frauenwahlrecht hat nicht zu einer gleichen Beteiligung von Frauen an der parlamentarischen Politik geführt. Zudem schlagen wir uns weiterhin mit dem Stereotyp herum, zu emotional zu sein. Zu emotional für die Politik, zu emotional, um gescheite Entscheidungen zu treffen oder Unternehmen zu führen – für machtpolitische Aspekte eben. Für die Wahl der richtigen Vorhänge passt es schon.

Emotionalität und Rationalität werden als zwei ungleiche Pole zementiert. Das hat sich seit der Entwicklung des Bürgertums noch einmal verstärkt, aber dazu später mehr. Diese beiden Pole sind vermeintlich konträr, sodass sie gar nicht koexistieren können. Doch es war schon immer ein leichtes Spiel, unberührt zu bleiben von Themen, von denen man selbst nicht betroffen ist oder die einem schlicht egal sind. So können die den Status Quo aufrechterhalten, denen Rassismus, Sexismus, Klassismus oder andere Auswüchse des modernen Imperialismus unerheblich erscheinen. *Tone Policing* ist ein Abwehrreflex von Menschen, die sich mit bestimmten Themen nicht auseinandersetzen müssen und möchten. Man unterbindet die Auseinandersetzung, indem man sagt: Dein Ton passt nicht.

> »Natürlich brauchen wir eine zivilisierte, salonfähige Kommunikation, um unterschiedliche Meinungen zu verhandeln. Niemand sollte ständig herumbrüllen – zumal auch das am Ende eintönig ist. Allerdings gibt es Themen, zum Beispiel Rassismus oder Transfeindlichkeit, die gehen einfach an die Substanz. Wie könnte man da auf Zimmertemperatur bleiben?«, so Dr. Michaela Dudley gegenüber *ze.tt*.

Wut ist theoretisch neutral. In der Realität allerdings nicht. Viele verschiedene Faktoren kommen zusammen, um weibliche Wut strukturell abzuwerten. Das vereinfacht es, sie zu ignorieren und zu verwerfen.

Wir leben in einer patriarchalischen Welt. Dieser müssen Frauen sich anpassen. Um darin zu bestehen, lernen wir früh, diese Welt zu navigieren und unser Verhalten anzugleichen.

Das *Code Switching* beschreibt in den Sprachwissenschaften die Fähigkeit, zwischen mehreren Sprachen innerhalb einer Konversation zu wechseln. Es kann sich aber auch um das Hin-und-her-Springen zwischen verschiedenen sozialen Identitäten handeln. Vor allem Frauen in der Businesswelt lernen, sich zu kontrollieren. Wenn sie zu wütend sind, sind sie Zicken. Wenn sie zu wenig wütend sind, zu lasch. Es ist ein schmaler Grat, auf dem sie balancieren. Wir gendern keine andere Grundemotion so stark wie die Wut. Nicht Freude, Überraschung, Ekel, Verachtung, Trauer oder Angst. Die letzten beiden tragen Ansätze davon, doch nicht in dem Ausmaß wie bei Wut.

Es gibt keinen Unterschied zwischen der Wut von Frauen und Männern. Trotzdem bezeichnet auch die Emotionsforscherin Dr. Ursula Hess die Wut von Frauen als »Weibliche Wut«.

> »Wenn ich ›weiblicher Ärger‹ sage, dann meine ich, dass Ärger von Frauen anders ausgedrückt wird«, so Dr. Hess. »Wenn wir jetzt von Ärger zu Aggression übergehen, stellen wir fest, dass die Wahrscheinlichkeit, dass ein Mann, der sich ärgert, aggressiv wird und dazu neigt, physisch zu agieren, höher ist als bei Frauen.«

In einem Versuch ließen sie und ihre Kolleg:innen das Geschlecht von androgyn aussehenden Personen durch Versuchsteilnehmer:innen bestimmen. Es zeigte sich, dass die Gesichter von Frauen mit ärgerlichem oder zornigem Gesichtsausdruck am seltensten korrekt als weiblich erkannt wurden.

»Unsere Forschung zeigt, dass die Verbindung zwischen Zorn und Männern einerseits und Fröhlichkeit und Frauen andererseits so stark ist, dass dies die Entscheidung beeinflussen kann, ob ein flüchtig betrachtetes Gegenüber als männlich oder weiblich gesehen wird«, erklärt Dr. Ursula Hess. Zorn macht Frauen offenbar unweiblich. Ihr Forscher:innenteam zeigte Bilder von dominant aussehenden Männern und Frauen sowie von solchen, die submissiv aussehen. Daraufhin erklärte sie den Teilnehmer:innen, dass es sich bei diesen Menschen um Anne und Mark handelt und sie gerade erfahren haben, dass ihr Auto vandalisiert wurde.

»Die gleichen Merkmale, die ein Gesicht männlich wirken lassen – eine hohe Stirn, ein kantiges Kinn und stärkere Augenbrauen –, werden auch mit der Wahrnehmung von Dominanz in Verbindung gebracht. Umgekehrt werden Merkmale, die ein Gesicht weiblich erscheinen lassen – ein rundes, kindliches Gesicht mit großen Augen –, mit Zugänglichkeit und Wärme assoziiert«, erklärt sie die Versuchsanordnung.

Wer dominant aussah, dem wurde eher Wut zugestanden. Gut für manche Frau, könnte man jetzt denken. Bei einigen Frauen wird immerhin erwartet, dass sie Wut zeigen. Das hat aber einen Preis.

> »Wir hatten auch eine Likeability-Einordnung. Mit der Frage, wie sympathisch man die Person findet. Und da stellte sich tatsächlich heraus, dass drei Personen ungefähr ähnlich sympathisch empfunden wurden, die beiden Männer und die submissive Frau. Und eine Person wurde anders beurteilt, und das war die dominante Frau. Die wurde als deutlich weniger sympathisch empfunden.«

Wütende Frauen sind also unsympathisch. Genau das ist unser Kryptonit. Das ist der rote Faden in allen Gesprächen. Das ist der Grund, warum Frauen ungern wütend sind, und gleichzeitig scheiden sich genau hier die Geister. Im Zuge meiner Recherche für dieses Buch habe ich mit vielen unterschiedlichen Frauen über ihre Wut gesprochen. Der einen Gruppe ist es egal, ob sie von ihrem Umfeld gemocht wird, der anderen nicht. Die eine Gruppe hat eine gute Beziehung zu ihrer Wut, die andere nicht.

Die patriarchalischen Strukturen, die eine wütende Frau abstrafen, haben einen Tenor: Sei süß, lieb, freundlich, und du wirst alles im Leben erhalten. Darin soll unsere vermeintliche Macht liegen. Im Schönsein. Im Sich-schön-Verhalten. Ansonsten wirst du nicht gemocht und bleibst für immer allein. Lebst in einem Haus mit einem Dutzend Katzen und bist die fiese alte Dorfhexe. Jede junge Frau weiß spätestens mit dem Start in die Teenagerzeit, dank heteronormativer Filme wie *Bridget Jones* und vielen weiteren vermeintlichen Liebesromanzen, die ich zu meiner Schande auch gucke: Frauen möchten nicht allein sein.

Dabei zeigen neue Studien, dass eher Männer einen deutlichen Druck verspüren, sich zu verpartnern.

»Wenn Sie ein Mann sind, sollten Sie unbedingt heiraten. Wenn Sie eine Frau sind, können sie es ruhig lassen«, sagt Paul Dolan. Der Verhaltensforscher begleitet heterosexuelle cis Menschen über einen längeren Zeitraum und stellte fest, dass Männer von der Ehe profitieren, weil sie, wie er es formuliert, ruhiger werden.

> »Sie gehen weniger Risiken ein, verdienen mehr Geld bei der Arbeit und leben ein bisschen länger. Die Frau hingegen muss sich all das gefallen lassen. Sie stirbt früher, als wenn sie nie geheiratet hätte«, erklärt Dolan und schlussfolgert: »Die gesündeste und glücklichste Bevölkerungsuntergruppe sind Frauen, die nie geheiratet oder Kinder bekommen haben.«

»Wenn ich ganz ehrlich bin, tue ich das alles, weil ich Männern gefallen will«, erklärt mir meine Freundin Annika, als wir über ihre Wut sprechen und darüber, warum sie diese bei Männern nicht rauslässt. »Ich möchte die unkomplizierte Frau sein. Die coole Frau, also die Frau, der das alles nichts ausmacht.« Diese coole Frau ist niemals wütend. Sie schwebt und steht über allem, fühlt keinerlei Rage. Sie ist eiskalt. Sie scheint die perfekte Frau zu sein. Für Männer. Nicht für sich selbst.

Und warum macht Annika das alles? Weil, wenn sie brav ist und sich an alle Spielregeln hält, dann kriegt sie, was sie will: einen Prinzen. Oder zumindest eine nette Beziehung. Doch was ist, wenn es nicht passiert? Über Jahre schluckt sie ihre Wut und weitere Emotionen herunter, um perfekt zu sein, und am Ende kriegt sie gar nichts.

> »Ich hatte sehr lange einen Kinderwunsch, der sich nicht erfüllt hat«, sagt Monika Odum. »Ich habe alles dafür getan, damit es funktioniert. Ich war die Gute, die Nette, war die Brave und hatte diese innere Überzeugung und diesen Glaubenssatz: Wenn du nur alles immer richtig machst, dann wird es klappen. Das stimmt nicht. Zwei Jahrzehnte. So lange hatte ich diese Wut. Von Anfang zwanzig bis Ende dreißig. Die schluckte ich herunter. Es macht was mit dir. Es hat mir sehr, sehr wehgetan. Hat mir aber auch unglaubliche Geschenke gemacht. Und das eine Geschenk ist eben die Tatsache, dass ich nicht sein muss, wie andere mich haben wollen. Ich muss keinem Bild entsprechen. Ich hatte schon immer einen leichten Zugang zu meiner Wut, aber das hat mir noch einmal eine Klarheit gegeben. Eine Entschlossenheit.«

Die Beziehung zu der eigenen Wut sowie die akkumulierten Erfahrungen spielen eine relevante Rolle darin, wie wohl sich frau mit ihrer Wut fühlt. Ich tendiere dazu, mich an all meine Wutmomente zu erinnern und mir neue Strategien zu überlegen, um sie beim nächsten Mal effektiver einzusetzen. Vermutlich auch, weil ich gemocht werden und als glaubwürdig erachtet werden will. Trotz meines Vorfalls mit Louis wurden wir Freunde. Allerdings mit einer gesunden Distanz zueinander –

schließlich war ich diejenige, die ihn zwischen die Beine getreten hatte. An den Grund kann sich niemand mehr erinnern. Für mein Umfeld war es nur relevant, dass ich das Mädchen war, das sich nicht an das diplomatische Protokoll hielt. Ich kommunizierte meinen Ärger nicht mädchenhaft.

Nur brave Mädchen haben es leicht im Leben. Wenn ich mich an die Spielregeln halte, keinen Ärger verursache, nur dann wird alles gut, heißt es. Wenn ich als Mädchen bereits Erfolgserlebnisse mit meiner Wut hätte, wenn ich gemerkt hätte, dass sie mir hilft, etwas zu verändern, dann würde ich diese Emotion als stark und gut empfinden. Eine, die mich beschützt und weiterbringt. Stattdessen sollen Mädchen brav sein, damit sie auch zu braven Frauen werden. Sie sollen keine Welle schlagen oder Stress machen. Wenn sie es tun, gibt es Konzepte wie *Tone Policing*, Begriffe wie »hysterisch« oder »Hexe«, um sie an ihren Platz in dieser Gesellschaft zu erinnern. Filme und Serien zeigen: Schwierige Frauen werden einsam und alleine sterben. Sie kriegen niemanden ab, und genau das ist letztlich die einzige Aufgabe in einer kapitalistischen und patriarchalischen Struktur: sich zu verpartnern und Kinder großzuziehen. Wenn ich das nicht schaffe, bin ich wertlos.

Wenn ich mich an alle Regeln halte, dann sollen meine Wünsche wahr werden. Aber das stimmt nicht. Deshalb ist es essenziell zu wissen, was man möchte. Dass Frauen wissen, was sie wollen. Nur du kannst für dich einstehen. Wenn wir aus Frauen Wut heraussozialisieren, bringen wir ihnen bei, dass sie machtlos sind. Wir leben in einer Ellbogenwelt. Wer geduldig und lieb wartet, geht leer aus. Brav sein zahlt sich nicht für Frauen aus, sondern nur für diejenigen, die ihre Macht über brave Frauen erhalten wollen.

EINE LÄCHELNDE FRAU KANN SICH NICHT GEGEN SEXUELLE BELÄSTIGUNG WEHREN

Vor einem Jahr besuchte ich mit meiner Freundin Sophia ein Business-Netzwerktreffen in München. Wir eilten durch die Kälte, um uns warm zu laufen, hinterließen kleine Rauchwölkchen in der eisigen Abendluft. Leicht aufgekratzt und voller Vorfreude suchten wir uns freie Plätze. Es waren ungefähr sieben Menschen da. Zu meiner rechten Seite saß der Mann, der für den Standort in München und die Administration zuständig war. Zu Beginn war unser Gespräch ganz normal. Was machst du? Ah, spannend, und was ist das? Oh, interessant! Doch irgendwann, absolut zusammenhanglos griff er nach meiner rechten Hand. Er führte sie an sein Gesicht, ganz nah an seine Lippen, und spielte an dem Ring an meinem Ringfinger, um mich verführerisch zu fragen: »Bist du etwa verheiratet?« Ich war so perplex über die rohe Direktheit, über diesen rapiden Stimmungswechsel, dass ich eilig meine Hand zurückzog und sagte: »Nein!« Es war ein kurzes, eisiges Nein. Ich drehte mich von ihm weg und versuchte mit meiner Körperhaltung, die in Richtung Ausgang zeigte, zu signalisieren: Fass mich nicht an! Kurz darauf kam eine weitere Person zu meiner Linken dazu, und erleichtert widmete ich mich ihr. Sie erzählte spannende Dinge, wir hatten einige Gemeinsamkeiten, lachten, und ich ging dazu über, den Mann auf der anderen Seite zu ignorieren. Was für einen gewissen Zeitraum funktionierte. Eine Weile später legte er seine Hand auf mein Bein. Unter dem Tisch. Auch wieder ohne Ankündigung. Seit über einer Stunde sprachen wir kein Wort miteinander. Mir war die Situation unangenehm. Ich spürte, wie meine Ohren heiß wurden. Innerlich schrie ich. Ich schluckte meine aufkeimende und brodelnde Wut herunter. Ich fokussierte mich darauf, mein Gesicht emotionslos zu halten, obwohl meine Nasenflügel sich blähten. Mechanisch riss ich seine Hand von meinem Bein. Ich drehte mich demonstrativ von ihm weg. Meine Freundin blickte auf die Uhr und sagte: »Wir müssen bald los, um die Bahn noch zu kriegen.« Begeistert sprang ich auf und verabschiedete mich mit einem knappen Winken, um schnell gen Ausgang zu schreiten. Meine Gesprächspartnerin fragte: »Und, kommt ihr wieder?« Ich lächelte und erklärte: »So viel zu tun. Mal schauen«, und schon war ich raus. Als wir aus dem Lokal in die eisige Winterluft traten, fühlte ich Erleichterung. Diese feurige Hitze, die in meinem Körper puckerte, wich aus mir. Mein Atem verlangsamte sich. Ich schloss die Augen und fühlte mich befreit.

Wir marschierten los. Meine Freundin Sophia sprudelte vor Freude über. Wie faszinierend das sei, was die Person neben ihr tue, und dann schaute sie mich durch ihre Brillengläser an, die sie mit einem flüchtigen Griff ihrer rechten Hand zurechtschob. Peinlich berührt, erklärte ich ihr, was mit meinem Sitznachbarn passiert war, der auch noch die Person war, die für die Veranstaltung verantwortlich war. Sophia blieb stehen. »Was ist?«, fragte ich, und sie sagte: »Das geht gar nicht! Das ist sexuelle Belästigung.« Als sie mir diese zwei Sätze entgegenschleuderte, war ich verwirrt. Ich lachte, und wir liefen weiter. Doch Sophia hielt daran fest: »Wie würdest du reagieren, wenn ich dir die gleiche Geschichte erzählen würde?« Zu Hause angekommen, ging ich direkt ins Bett.

Am nächsten Tag erzählte ich Lena, die wie ich als eine der wenigen Gründerinnen im Media Lab Bayern saß, von dem Vorfall. Sie antwortete abgeklärt: »Das ist mir vor einer Woche auch auf einem Netzwerktreffen passiert.« Sie schlürfte aus ihrer dampfenden Kaffeetasse. Über unserem Coworking Space lag eine einsame Ruhe. In wenigen Minuten würden all die Menschen eintrudeln, mit ihren Händen auf den Einschaltknopf der Bildschirme drücken und damit beginnen, ihren Arbeitstag vorzubereiten. Dann legte sich das Bürosummen und Rascheln über den gesamten Raum. In diesem Moment kotzte mich die Ruhe und die Entspanntheit von Lena an. Sie machten mich wütend. Sie beschrieb diese Situation als eine selbstverständliche Sache. Damit meine ich nicht, dass sie mich nicht ernst nahm. Das tat sie. Doch sie signalisierte, dass dieser Vorfall nur einer von vielen sei. Es ist einfach ein integraler Bestandteil des Frauseins. Wir verdienen halt weniger, sind überproportional von Altersarmut betroffen und werden bei Netzwerktreffen angegrabbelt. Ist halt so.

Sexuelle Belästigung wird zu einem normalen Aspekt des Alltags von Frauen gemacht. Dabei ist es nicht unser Problem, sondern das des Patriarchats. Und normal ist es schon gar nicht. Lena schaute nachdenklich aus dem Fenster, und als sie sich zu mir umdrehte, zog sie die Stirn kraus und sagte: »Weißt du, ich weiß immer nicht, wie man darauf reagieren soll.«

Tja, wie verhält frau sich richtig? In solchen Momenten kommen die widersprüchlichen Strukturen unserer Gesellschaft zutage. Bleib ruhig, lächle, ist halt so, schluck es runter.

Frauen erhalten kein Initiationsritual, wo wir uns neben einem Lagerfeuer versammeln und darauf anstoßen, die erste sexuelle Belästigung, Vergewaltigung oder andere Grenzüberschreitung von Männern in unserem Leben erhalten zu haben, um dann ein magisches Buch in die Hände gedrückt zu bekommen, in dem die richtigen Verhaltensregeln stehen, wie wir den nächsten Angriff effektiv abwehren. Stattdessen lernen wir, was alle Menschen zu glauben scheinen: So sind Jungs nun mal.

Der Veranstalter eines beruflichen Netzwerktreffens fasste mich ohne meine Zustimmung an. Ein klares, aggressives, auf den Tisch polterndes »Nimm deine schmierige Hand von meinem Bein!« hätte vielleicht geholfen. Aber als Schwarze Frau bei einer solchen Veranstaltung, auf der ich das erste Mal war, wollte ich eben keine Aufregung verursachen. Zudem hätte er dann der beschwichtigende Mann sein können, der die Arme in die Luft zieht, unschuldig mit den Schultern zuckt und in einer demütigen Haltung erklärt: »Entspann dich. War doch nicht so gemeint.« Ich bin immer noch wütend.

Noch einmal: Jede dritte Frau in Deutschland ist mindestens einmal in ihrem Leben von physischer und/oder sexualisierter Gewalt betroffen. Etwa jede vierte wird mindestens einmal Opfer körperlicher oder sexualisierter Gewalt durch einen aktuellen oder früheren Partner. Betroffen sind Frauen aller sozialen Schichten. Bei Vergewaltigung, sexueller Nötigung und sexuellen Übergriffen in Partnerschaften sind die Opfer zu 98,1 Prozent weiblich, bei Stalking, Bedrohung und Nötigung in der Partnerschaft sind es 89 Prozent. Bei vorsätzlicher, einfacher Körperverletzung waren 79,5 Prozent der Opfer Frauen, und bei Mord und Totschlag in Paarbeziehungen waren es 76,4 Prozent. Hier geht es nicht um Gefallen oder Nichtgefallen.

Es geht um den eigenen Schutz. Für manche Frauen geht es um das eigene Überleben. Das Narrativ, dass eine Frau durch eine einsame, dunkle Gasse läuft und urplötzlich von einem Mann gepackt und vergewaltigt wird, stimmt so nur in den seltensten Fällen. Die Organisation Terre des Femmes stellte fest, dass in 70 Prozent der Fälle die eigene Wohnung Tatort einer Vergewaltigung ist. Das bedeutet, dass es sich in der Mehrheit der Fälle auch nicht um einen unbekannten Täter handelt, sondern um einen Bekannten, Freund oder sogar jemanden aus der Familie.

»Von hundert Frauen, die vergewaltigt werden, erlebt nur etwa eine einzige eine Verurteilung«, hat der Kriminologe Christian Pfeiffer herausgefunden. »Das liegt daran, dass 85 Prozent der Frauen keine Anzeige machen, und dann gibt es folglich auch keine Verurteilungen. Und von den 15 Prozent, die übrig bleiben, werden letztendlich nur 7,5 Prozent der Täter verurteilt. Das ist indiskutabel.«

Am Ende steht oft Aussage gegen Aussage.

> »Mein Ex-Freund kommt immer noch zu Besuch«, erzählte mir meine Freundin Katharina. »Obwohl ich ihm schon seit Jahren sage, dass ich kein Interesse habe, meldet er sich immer wieder und schreibt, dass er in meiner Nähe ist. Das eine Mal fuhlte ich mich nicht gut. Also antwortete ich ihm nicht. Er kam trotzdem. Ohne meine Zustimmung. Er klingelte und klingelte. Dann beschlich mich ein schlechtes Gewissen, also ließ ich ihn hinein. Als er oben war, redeten wir kurz. Nach einer Weile setzte er sich ganz nah zu mir und versuchte mich zu küssen. Ich drückte ihn mehrmals weg und erklärte, dass ich das nicht möchte. Ein anderer Ex-

> Freund hatte sich, kurz bevor wir uns getrennt haben, meinen Haustürschlüssel nachmachen lassen. Das wusste ich nicht. Als wir schon eine Weile getrennt waren, stand er eines Nachts in meiner Wohnung. Er schnappte sich meinen Hund und rannte davon. Ich bin ihm hinterher in Unterwäsche über den Hermannplatz. Ich hatte Angst, dass er meinem Hund etwas tut. Irgendwann hatte ich es geschafft, ihn einzuholen. Meinen Hund hatte ich zurück.«

Braven Mädchen passiert nichts, ist ein Märchen, das uns nachts schlafen lassen soll. Dabei droht die größte Gefahr im Familien-, im Freund:innen- und Bekanntenkreis. Denn jede einzelne Frau in meinem Umfeld hatte schon grenzüberschreitende Erfahrungen mit Männern. Jede befand sich in Situationen, in denen sie nicht sein wollte. Frauen zu erklären, dass sie nicht wütend sein sollen, heißt, ihnen eine wichtige Form des Selbstschutzes zu nehmen. Natürlich wird uns die Wut von Einzelnen nicht vor systematischer sexueller Belästigung schützen oder bewahren können. Sie ist vielmehr ein Signal, das uns darauf hinweist, dass hier ein massives Problem besteht, ein Indikator für eine tiefer liegende Gewaltstruktur.

Doch wo ist die Wut? Warum leben wir weiterhin in einer Gesellschaft, wo ich meiner besten Freundin auf dem Weg nach Hause schreibe: »Melde dich, sobald du zu Hause angekommen bist!« Wo ist die Empörung? Warum ist die Gesamtgesellschaft nicht außer sich und tobt? Und damit meine ich nicht die Wut einzelner betroffener Personen, deren Familie oder Freund:innenkreise. Wut und Wert sind integral miteinander verknüpft. Wenn wir als Gesellschaft eine Person oder Gruppe als wertvoll erachten, dann nehmen wir ihre Wut nicht nur ernst, wir sind für sie wütend. Und ohne Wut gibt es keine Veränderung.

DESTINATION NAMASTE
Selbstoptimierung und Selbstkontrolle

Es war der 19. Geburtstag meiner besten Freundin. Wir versammelten uns bei ihr zu Hause, waren rausgeputzt und aufgeregt, ihr unsere liebevoll durchdachten Geschenke zu überreichen. Ihre Eltern hatten sich im Jahr zuvor scheiden lassen. Die Trennung setzte ihr zu. Sie versuchte damit umzugehen, indem sie alles weglächelte. Es war die erste familiäre Zusammenkunft seit der Scheidung. Musik hallte aus einer alten marineblauen Stereoanlage, und wir versammelten uns um sie herum. Ihre Mutter, ihr Vater, ihre Schwester, ihre Onkel, ihre Tanten und ihre zwei besten Freundinnen waren da. Sie packte ein Geschenk aus und begann zu lachen. Wir stimmten mit ein. Sie lachte weiter. Es intensivierte sich. Ihr Gesicht wurde rot, und allmählich kippte ihre Emotion. Sie wandelte sich. Der Atem wurde kurz, knapper. Ihr Brustkorb begann zu beben. Ihr Lachen transformierte sich in ein Schluchzen. Tränen rollten über ihre Wangen. Sie begann zu weinen. Nein, sie heulte. So richtig. Aus ganzem Herzen. Trauer und Wut sind keine angenehmen Emotionen, aber notwendig. Sie helfen bei der Verarbeitung von großen Veränderungen im Leben. Je weniger wir uns derartigen Gefühlen stellen, desto größer wird der Ballast, den wir anhäufen. Wie wenn wir den Müll nicht mehr hinausbringen. Nach einer Weile wird es eben eine fette Sauerei, die man nicht immer wieder gereinigt bekommt. Es hinterlässt Spuren. Eine kuriose Analogie, zugegeben, aber die Fokussierung auf das Positive ist eine Strategie, die kurzfristig erleichtert, uns nachhaltig allerdings umso mehr schadet. Den gesamten restlichen Geburtstagsabend schämte sich meine beste Freundin für ihren Gefühlsausbruch.

Die Wochen davor erhielt sie von vielen unterschiedlichen Menschen, auch von mir, vermeintlich gut gemeinte Ratschläge, die immer dieselbe Botschaft hatten. Es fielen Sätze, wie »Es wird schon wieder«, sie solle sich auf die »guten Aspekte fokussieren« und »glücklich sein, dass ihre Eltern sich keine Schlammschlacht lieferten«. Kurzum: Sei nicht sauer, traurig oder wütend. Du kannst bestimmt etwas aus dieser Situation lernen. Ihr Umfeld meinte es nicht böse. Schlimmer noch. Wir meinten es gut und dachten, dass wir ihr helfen würden. Wir wollten unserer Freundin die negativen Emotionen ersparen. Und vielleicht war es auch einfach schwer auszuhalten, zu sehen, dass es ihr schlecht ging. Doch das Leben ist kein Film, den man bei den komplexen Aspekten einfach vor- oder zurückspult.

Der amerikanische Psychiater Allen Frances erklärt in seinem Buch *Normal – gegen die Inflation psychiatrischer Diagnosen*, dass es 1980 für normal erachtet wurde, dass man ein ganzes Jahr um eine verstorbene Person im engeren Umfeld trauerte. Im Jahr 1994 empfahlen Psychiater:innen, sich zwei Monate einzuräumen, und seit 2013 werden nur noch wenige Wochen empfohlen. Das bedeutet, wenn ich länger als einen Monat traurig über den Verlust eines geliebten Menschen bin, sind meine Symptome alarmierend.

Willkommen in unserer Dauer-Happy-Welt. Motivationszitate wie »Good Vibes Only« oder »Keep on Smiling« werden von Personen konzipiert und verbreitet, die ihr Geld damit verdienen, Einfluss auf andere Menschen zu haben. Kurz: Influencer:innen, zu deutsch Beeinflusser:innen. Im Netz und in boomenden Selbsthilfegruppen tummeln sich diese Gurus und propagieren eine Ideologie: Gute Gefühle maximieren, schlechte Gefühle ausradieren. Es klingt zunächst eigentlich logisch, aber das hat seine Tücken. Allerdings handelt es sich um eine ganze Industrie. Glückliche Menschen konsumieren und liken mehr. Unglückliche Menschen sitzen daheim und starren die Wand an.

Der Ausdruck »toxische Positivität« bezieht sich auf das Konzept, dass die Einbahnstraße hin zu einem großartigen Leben einzig lautet, stetig positiv zu bleiben. Es bedeutet, sich nur auf positive Dinge zu konzentrieren und alles abzulehnen, was negative Emotionen auslösen könnte. Was verführerisch, gar utopisch klingt, in Wahrheit aber aus vielen verschiedenen Gründen eindimensional ist. Einer ist schon die bloße Wertung. Positive Emotionen, negative Emotionen. Gute Gefühle, schlechte Gefühle. Weg damit, her damit. Dabei sind psychologisch betrachtet alle Emotionen neutral, denn sie haben eine Funktion: Sie beliefern uns mit Informationen, an denen wir uns orientieren oder mit deren Hilfe wir Entscheidungen treffen können. Das wird vor allem dann relevant, wenn es vermeintlich schlechte Emotionen sind. Wenn ich unglücklich mit meiner Arbeit bin, weil ich mies bezahlt werde und eine:n schlechte:n Vorgesetzte:n habe, dann kann ich das wegmeditieren, solange ich will. Das löst aber nicht mein Problem. Die toxische Positvitätsbewegung vertritt die Überzeugung, dass es eine Frage der Einstellung ist. Das wiederum suggeriert, dass ich als Individuum für strukturelle Herausforderungen verantwortlich bin und diese auch ganz allein ändern kann.

Wenn ich an meine alleinerziehende Mutter zurückdenke, die zwei Jobs hatte, um uns drei zu ernähren, erinnere ich mich, dass sie manchmal wütend war. Und zu Recht. Natürlich ist es wichtig und richtig, optimistisch zu sein, doch dass sie ausschließlich eine Teilzeitstelle übernehmen konnte, weil der Ausbau der Kinderbetreuung in Deutschland auf Paare ausgelegt ist, obwohl alleinerziehende Haushalte die Familienkonstellation sind, die am stärksten in der Bundesrepublik wächst und gleichzeitig auch am wahrscheinlichsten von Armut betroffen ist, macht ihre Wut berechtigt. Wir sollten alle wütend darüber sein. Meine Mutter war nicht negativ, wenn sie darüber erbost war. Mit Positivitätsargumentationen zu kommen, ist ein kleines Pflaster, das kurzfristig hilft, ihre Lebenssituation allerdings nicht nachhaltig verbessert.

Wenn wir uns den europäischen Vergleich anschauen, ist Deutschland das Land mit den geringsten sozialen Aufstiegschancen. Es ist leicht, sich nicht mit Klassismus und Armut auseinandersetzen zu müssen, in einem teuren Yogakurs zu sitzen und nach der Philosophie zu leben, dass Glück und Unglück Einstellungssache sind. Kurz gesagt: Es ist ein Privileg.

Das »Good Vibes Only« Versprechen deklariert, dass Glücklichsein einfach eine Entscheidung sei. Somit sind all diejenigen, die nicht glücklich sind, selbst schuld an ihrem Leid. Das ist nicht nur unfair, es erzeugt zudem gehörigen Druck auf vielen Schultern. Und meist zulasten derjenigen, die strukturell benachteiligt werden.

Es gibt sogar den weitverbreiteten Glauben, dass frau nur die richtigen Gedanken in das Universum hinausschicken muss, und schon erhält sie alles, was sie möchte. Toxische Positivität ist somit die exzessive und ineffektive Forderung eines glücklichen, optimistischen Zustandes in allen Situationen.

Das führt dazu, dass die authentische menschliche emotionale Erfahrung geleugnet, minimiert und für ungültig erklärt wird.

Für mich ist das Glas immer halb voll. Als Selbstständige, die vielen Deadlines und Jobs hinterherjagt und zwischen mehreren Projekten jongliert, brauche ich klare Grenzen und Erholung. Dazu zählt Wandern, Joggen und auch Yoga sowie Meditation. Namaste! Doch die Philosophie »Du bist deines Glückes eigene:r Schmied:in« übersimplifiziert das Leben. Menschen sind kompliziert. Gefühle sowieso. Das Leben auch. Ich lache auch lieber, als mich aufzuregen. Alle Menschen lieben gut gelaunte Personen. »Diese Person ist mir zu negativ« oder »Diese Person zieht mich runter« sind Aussagen, die man sich genauer anschauen muss. Wenn wir denken, dass schlechte Gefühle nicht akzeptabel und wir selbst schuld an ihnen sind, während alle anderen Menschen dauerlächeln, dann präsentieren wir uns anderen immer nur von der strahlenden Seite. Das entspricht aber keinem realen Charakter. Problematisch wird dies, wenn wir versuchen, emotionale Abkürzungen zu nehmen und uns schon bei Anflügen von Wut zwanghaft gute Stimmung zu verordnen. Das ist toxische Positivität.

Man kann keine ehrliche Verbindung und Vertrauen aufbauen, wenn man sich nie mit allen wundervollen natürlichen Facetten der individuellen Gefühlswelt präsentieren kann. Gerade in Freundschaften ist es essenziell, auch negative Emotionen teilen zu können.

Dr. Daria Kuss, Professorin für Psychologie an der Nottingham Trent University, beschrieb das psychologische Konzept der »limbischen Resonanz«. Es bezeichnet die Fähigkeit, die Gefühle eines anderen Menschen zu spiegeln, um die Verbindung zu ihm zu vertiefen. »Traurigkeit mit unserer eigenen Unzufriedenheit zu spiegeln, hilft den Menschen, sich verstanden und unterstützt zu fühlen«, sagt sie. »Wenn man versucht, jemandem zu helfen, ist das Wichtigste nicht das Lösen von Problemen, sondern aufmerksames Zuhören und Spiegeln.«

Wenn ich an die Tage vor dem Geburtstag meiner besten Freundin zurückdenke, stelle ich fest, dass wir in dem Versuch, ihr zu helfen, ihre Emotionen kleinredeten. Wir haben ihre Gefühle nicht validiert oder anerkannt. Das hilft nicht. Es schmerzt sogar. Somit schob sie ihre Traurigkeit weg. Dabei müssen wir anerkennen, dass unser Gemütszustand keine Konstante ist, sondern sich situativ verändert. Mal fühlen wir uns besser, mal schlechter. Manche Gefühlslagen nehmen wir als positiv wahr, andere als negativ, wieder andere als neutral. Das ist normal. Normal ist auch, dass wir grundsätzlich eher danach streben, uns gut zu fühlen, nicht danach, traurig oder wütend zu sein.

Warum das Produkt »Happiness« mir ein Dorn im Auge ist, liegt daran, dass es meine kleine Revolte der wütenden Frauen erschwert. Wenn wir nach der Philosophie leben, dass wir mit der richtigen Einstellung Probleme lösen, wird das nichts.

Deshalb hier einige beliebt-bekannten Eigenschaften und Aussagen von toxischer Positivität, um sie in Zukunft zu vermeiden:

- Verbergen und Maskieren der wahren Gefühle
- Der Versuch, einfach weiterzumachen, indem man Emotionen unterdrückt
- Sich schuldig fühlen für das, was man fühlt

- Reaktion auf Erfahrungen anderer Menschen mit »Wohlfühl«-Zitaten oder Aussagen wie »Das ist doch nicht so schlimm« oder »Das ist eine tolle Möglichkeit, etwas zu lernen«
- Der Versuch, jemandem eine andere Perspektive zu geben (z. B. »Es könnte schlimmer sein«), anstatt die emotionale Erfahrung der Person zu bekräftigen
- Andere beschämen oder bestrafen, weil sie Frustration oder etwas anderes als Positivität ausdrücken
- Dinge, die einen stören, mit einem »Es ist, wie es ist« wegwischen.

Positivität wird erst dann giftig, wenn sie dazu benutzt wird, die menschliche Erfahrung zu verdecken oder zum Schweigen zu bringen. Indem wir die Existenz bestimmter Gefühle nicht anerkennen, fallen wir in einen Zustand der Verleugnung und Verdrängung von Emotionen. Die Wahrheit ist, dass Menschen fehlerhaft sind. Wir werden eifersüchtig, wütend, nachtragend und gierig. Manchmal läuft das Leben einfach nicht. So zu tun, als wären wir den ganzen Tag über auf positiven Schwingungen, verhindert eine echte menschliche Erfahrung. Diese Überdosierung macht Positivität erst toxisch.

SÜSSE RACHE UND INTERNALISIERTE WUT

Rache hat einen ziemlich schlechten Ruf. Sie wird häufig als Schwäche gesehen. Als Zeugnis, dass frau ihre Contenance nicht wahren konnte. Aber Studien zeigen, dass Frauen, die keine Rache ausüben, mehr Wut empfinden als diejenigen, die es tun.

> »Rache kann unter Umständen wirklich befriedigend sein«, erklärt Prof. Mario Gollwitzer von der Philipps-Universität Marburg. »Sie ist etwas sehr Funktionales. Damit kann man dem anderen zeigen: ›So kannst du mit mir nicht umgehen‹. ›Ich bin keine Person, auf der man herumtrampeln kann.‹ Rache ist nur dann befriedigend, wenn diese Botschaft bei dem anderen ankommt.«

Rache ist schon verdammt süß. Auch für Männer. Die US-Psychologin Julie Exline erforscht, wie sich Menschen in Bezug auf Rachegefühle unterscheiden und was diese Emotion beeinflusst. Was spannend ist, weil die Rache gern als eine weibliche Erbsünde beschrieben wird.

Die eine Hälfte der Teilnehmer:innen sollte eine Situation aufschreiben, in der sie selbst jemanden gekränkt hatten, die anderen wurden nach einer Situation gefragt, in der sie selbst die Übeltäter:innen waren. Das Ergebnis lautete: Männer sind bei ihren eigenen Vergehen nachsichtig, Frauen nicht. Exline erklärt es sich dadurch, dass Frauen von Grund auf nachsichtiger gegenüber anderen sind, aber nicht sich selbst gegenüber. Schon im Kindesalter wird Frauen beigebracht, sich in andere einzufühlen und Beziehungen aufzubauen. Deshalb spiele Rache im weiblichen Gerechtigkeitsempfinden keine große Rolle.

Sie kennt wohl noch nicht die Geschichte von Mariya Oktyabrskaya.

Als die Nazis im Zweiten Weltkrieg ihren Mann töteten, kratzte Oktyabrskaya all ihr Geld zusammen und kaufte einen T-34 Panzer.

»Mein Mann wurde bei der Verteidigung des Vaterlandes getötet. Ich will Rache an den Faschisten für seinen Tod und für den Tod des sowjetischen Volkes, das von diesen Barbaren gefoltert wird«, sagte Mariya Oktyabrskaya. Sie ging mit dem nachfolgenden Anliegen zu Stalin: »Ich bitte darum, den Panzer die ›Kämpfende Geliebte‹ zu nennen und mich als Fahrer des besagten Panzers an die Front zu schicken.« Stalin stimmte zu. Es ging für Mariya Oktyabrskaya an die Front. Immer wieder entkam sie den Angriffen der Deutschen und beschrieb ihre Gefühle in einem Brief an ihre Schwester wie folgt: »Ich hatte jetzt meine Feuertaufe (...) Manchmal bin ich so wütend, dass ich nicht einmal atmen kann.«

Rache dient dazu, ein Gleichgewicht in einer ungleichen Beziehung herzustellen. Hatte man vorher noch das Gefühl, der anderen Person unterlegen zu sein, kann man durch Rache möglicherweise beide Positionen aneinander angleichen.

Natürlich hat sie ihre Grenzen. Rache kann einen dysfunktionalen Charakter entwickeln und Dinge verschlimmern. Außerdem gibt es Formen von Rache, die nicht akzeptabel sind – Gewalt oder Mord zum Beispiel. Rachegedanken sollten dennoch nicht unterdrückt werden, denn sie kommen häufig wieder.

»Ich bin selten wütend. Ich bin meist traurig oder enttäuscht«, sagt eine meiner längsten Freundinnen, als ich sie frage, wann sie das letzte Mal wütend gewesen sei. »Das stimmt nicht«, beteuert Dr. Ursula Hess, als ich ihr von meiner Beobachtung erzähle. »Wir laden Frauen und Männer ins Labor ein. Da machen wir sie so richtig ärgerlich. Dort können sie nicht fliehen. Was wir immer wieder feststellen, ist: Frauen sind genauso ärgerlich wie Männer. Sie beschreiben es nur anders. Enttäuscht oder traurig klingt eben weiblich.«

Aber es gibt tatsächlich auch Frauen, die in ärgerlichen Situationen nonchalant ruhig bleiben. Das kann mit den Erinnerungen und Prägungen aus der Kindheit zusammenhängen – manche Kinder lernen, dass ihre Wut die Beziehung zu anderen Menschen gefährdet. Sie vermeiden Wut aus Verlustangst.

Wutaffekte entstehen bei Kindern erst im Laufe der Entwicklung, meistens in der Trotzphase. Sie sind uns nicht von Geburt an eingeschrieben. Wenn Kinder dann erleben, dass sie für ihre Wut bestraft werden, oder ihre Eltern ihnen mit Liebesentzug begegnen, dann kann es passieren, dass sie lernen, ihre Wut zu unterdrücken. Sie wollen die Zuwendung ihrer Eltern nicht verlieren.

Wenn ein Kind ziemlich früh jegliche wütende Tendenzen aus dem Bewusstsein verbannen muss, kann es natürlich nicht lernen, mit diesen umzugehen. Was sich bei einigen wie ein roter Faden bis ins Erwachsenenalter ziehen kann. Prof. Dr. Dr. Sulz, Professor für Verhaltenstherapie, schreibt:

> »Lässt man jedoch die organischen und genetischen Ursachen beiseite, kann man die psychogenen Ursachen psychischer und psychosomatischer Erkrankungen fast alle auf einen Nenner bringen: Dem Kind wurde im Vorschulalter die Fähigkeit genommen, die Gefühle von Wut und Ärger in seinem aktiven Gefühlsrepertoire zu belassen, beziehungsweise nicht die Möglichkeit gegeben, die Fähigkeit zu einer reifen Emotionsregulation und zu einem guten Umgang mit Wut und Ärger zu entwickeln.«

Natürlich haben nicht alle, die ihre Wut unterdrücken, eine verkorkste Kindheit hinter sich. Sigmund Freuds Theorie, warum Frauen wütend auf Männer sind, ist übrigens Penisneid.

Zurück zur Diagnose, dass Frauen, die keine Wut empfinden, das Feuer einfach nur vermeiden, weil sie nie so recht gelernt haben, damit umzugehen. Vielleicht stimmt es bei einigen, bei anderen muss es nicht zutreffen. »Menschen mit sehr liberalen Normen werden weniger wütend«, sagt Stephan Bongard, der sich an der Goethe-Universität Frankfurt am Main vor allem mit Stress- und Emotionsregulation beschäftigt. »Es ist nicht eine Situation oder ein Stimulus, der uns wütend macht. Es sind unsere Normen und wie wir etwas bewerten und deuten.« Wut ist ein intensives Gefühl. Es braut sich im Körper zusammen. Der einen wird heiß, der anderen kalt. Die Zähne werden zusammengebissen, die Stirn in Falten gelegt, die Hände zu Fäusten geballt. Es entsteht Energie. Diese muss irgendwohin weichen, sonst trägt man sie das ganze Leben mit sich herum, ohne sie auszuleben. Manchen Menschen merkt man die unausgelebte Wut gar nicht an, nur an der Art, wie sie ihre Worte sprechen, spürt man eine unterdrückte Wut.

Auf lange Sicht machen unterdrückte Gefühle sogar krank. Das Immunsystem wird schwächer und anfälliger für Infekte. Darüber hinaus können unterdrückte Gefühle körperliche Stressreaktionen aller Art auslösen: erhöhter Bluthochdruck, Diabetes, Herzerkrankungen, Nierenschäden, Magenprobleme. Auf psychischer Ebene können Erkrankungen wie Depressionen, Angstzustände oder Suchterkrankungen entstehen.

> »Eine sehr häufige Art, das eigene Aggressionspotenzial zu entschärfen, ist die Entfaltung einer dysfunktionalen oder maladaptiven Persönlichkeit, die im Extremfall zu einer Persönlichkeitsstörung wird«, so Prof. Dr. Dr. Sulz. »Wir werden in unserer Persönlichkeit selbst unsicher, um mit Hilfe unserer sozialen Angst keine Wut auf den anderen spüren zu können.«

Nicht wütend zu sein, schadet der Gesundheit. Unsere sozialen Zwänge können uns krank machen. Von Traurigkeit bis hin zu vermeintlich zickigen Attacken handelt es sich letztlich um Bewältigungsstrategien, um mit dem Stress, nicht wütend sein zu dürfen, irgendwie umzugehen. Die Gedanken und Verhaltensweisen, die mobilisiert werden, um interne und externe Stresssituationen zu bewältigen, nennen wir Bewältigungsstrategien. Und unsere gesellschaftliche Etikette mit ihrer ewigen Gute-Laune-Mentalität ist genau das, purer Stress. Wir sollen funktionieren statt denken. Nicht hinterfragen oder wüten, sondern lächeln und lösen.

Manche Menschen reagieren gemein, wenn sie nicht mutig genug sind, ihrer Wut freien Lauf zu lassen. Sie machen fiese

Spitzen und gehässige Kommentare. Eine klassische Bewältigungsstrategie, die von einem Militärpsychiater im Zweiten Weltkrieg definiert wurde. Colonel Menninger beobachtete Soldat:innen, die sich gegen rigide Bevormundung wehrten, indem sie vorgaben, Befehle nicht zu verstehen oder vergessen zu haben, sarkastische Bemerkungen fallen ließen, Vorgesetzte hinter ihrem Rücken schlecht machten und ständig ausdrückten, dass sie sich ungerecht behandelt fühlten. Bis heute ist sich die psychologische Forschung nicht einig, ob sie das Phänomen, die passive Aggressivität, unter die Persönlichkeitsstörungen zählen sollte. Menschen, die mit passiver Aggressivität reagieren, versuchen, ihre eigenen Grenzen zu schützen. Sie fühlen sich schnell bevormundet und haben oft ein Problem mit Autoritäten. Da sie aber nicht in der Lage sind, sich aktiv gegen Grenzüberschreitungen zu schützen, wählen sie Techniken der passiven Sabotage.

Männer und Frauen neigen in etwa gleich stark zu passiv-aggressivem Verhalten. Andere Geschlechteridentitäten wurden in dieser Studie nicht berücksichtigt. Allerdings gibt es geschlechtsunabhängig einen bestimmten Typ Mensch, der besonders häufig auf die passiv-aggressive Strategie zurückgreift. Die Psychologin Ozlem Ayduk ließ 56 Paare drei Wochen lang Tagebuch über Konflikte in der Partnerschaft führen. Zusätzlich füllten sie verschiedene Fragebogen zu ihrer Persönlichkeit aus. Das Ergebnis: Gerade die auf Harmonie bedachten Versuchsteilnehmer:innen reagierten besonders sensibel auf Zurückweisung – und zwar mit passiven Mitteln wie Mauern und Liebesentzug. Die empfindlichen Teilnehmer:innen waren wohl nicht »der Typ, der auf den Tisch haut, einen leidenschaftlichen Streit vom Zaun bricht oder theatralisch Türen knallt. Stattdessen straften sie ihre Partner:innen mit Schweigen«, so das Fazit. Natürlich muss jede Person situationsabhängig entscheiden, ob es eine gute Idee ist, der eigenen Wut freien Lauf zu lassen oder sie wohldosiert zu nutzen.

Es wäre beispielsweise eine schlechte Idee, der eigenen Vorgesetzten ein Glas Wasser ins Gesicht zu schütten, sobald sie die eigene Arbeit bemängeln. Sollte es allerdings im Job immer wieder Themen geben, die einen belasten und ärgern, wäre es nachhaltiger, diese direkt anzusprechen und zu klären, statt es mit sich zu tragen und ins passiv-aggressive Vor-sich-hin-Grummeln zu verfallen. Wut ist nur sinnvoll, wenn sie wirksam ist.

Wenn einem also im Supermarkt eine Person den Lieblingsjoghurt aus dem Einkaufswagen mopst, der noch dazu der letzte Becher im Kühlregal war, ist man erst einmal empört. Diese Wut ist wirksam, wenn das Szenario wie folgt endet: Man geht auf die Person zu und macht ihr klar: Hey, Freundchen, das ist mein Joghurt. Woraufhin ein erschrockenes »Huch, wie ist mir das passiert? Entschuldigung!« folgt und man den Becher ausgehändigt bekommt. Man wurde ungerecht behandelt und ist dagegen vorgegangen. Ende gut, alles gut. Dieses Gedankenspiel zeigt, dass unsere Wut einen Grund hat und dass es sinnvoll ist, dass sie da ist. Sie hilft, warnt und schützt uns. Unwirksame Wut wäre, wenn man den Joghurt zurückbekommt und die andere Person trotzdem beschimpft oder sogar physisch verletzt. Oder wenn man nichts sagt, sich aber aufregt und sich den ganzen Tag und die darauffolgenden auch ärgert. Das Problem ist dann nicht geklärt, und man trägt den Ärger weiter mit sich herum.

Wütend zu sein, ist eine Kunst. Es ist ein Zusammenspiel daraus, für sich einzustehen, identifizieren zu können, warum man wütend ist und die Wut so zu modulieren, dass sie der aktuellen Situation entspricht. Nicht zu wütend, aber nicht zu unwütend zu sein. Vor allem, wenn man so aufgewachsen ist, dass man keinen Trainingsplatz für die eigene Wut hatte, kann es schwierig sein, der Wut Raum zu geben, sich selbst auszuprobieren und sie zu schmecken.

> »Normalerweise ist Wut einfach ein Gefühl, das zunächst einmal in mir drin ist und noch nicht gleich in Handeln übergeht«, erklärt Prof. Dr. Dr. Sulz über Zoom. »Es ist nur bei Leuten, die keine gute Impulssteuerung haben so, dass sie darauf achten müssen, nicht direkt auszuflippen.«

Wir können unsere Emotionen durchaus eine Weile unterdrücken. »Diese Vorstellung eines Kochtopfs, also dass die Emotionen brodeln und dann explodieren, funktioniert nicht. Einfach weil wir kein Kochtopf sind«, erklärt Dr. Ursula Hess. Wenn wir uns über etwas ärgern, aber die Konfliktsituation vermeiden, wird das zugrunde liegende Problem nicht gelöst. Das kann dazu führen, dass wir die Selbstkontrolle verlieren und dann tatsächlich in einer Situation, die wir sonst vermeiden, wütend reagieren. Doch wir sprudeln nicht über, wie ein Kochtopf. »Es ist eher so, dass sie eine Problemlösung über einen längeren Zeitraum nicht durchgeführt hat und nun zu einem anderen Mittel greift.«

Wut zu unterdrücken, schwächt nicht nur das Individuum, es schädigt das Kollektiv. Wut wird eingesetzt, um sich gegen Verletzungen und Ungerechtigkeiten zu wehren und diese zu sanktionieren. Wenn weniger Menschen wütend sind, könnte das also dazu führen, dass eine gesellschaftliche Gruppe weniger stark und weniger klar organisiert ist.

Wenn wir eines aus den Bewältigungsstrategien und der Internalisierung lernen, dann ist es: Wirksame Wut ist viel effizienter als jede Bewältigungsstrategie. Gefühle zu unterdrücken, kostet den Körper verdammt viel Energie. Es erfordert stetige Aufmerksamkeit, Anstrengung und sorgt dafür, dass wir die Augen vor gesellschaftlicher Ungerechtigkeit verschließen. Wozu der ganze Stress, wenn dosierte Wut uns ermächtigt?

Am 15. März 1944 starb Mariya Oktyabrskaya. Als der Splitter einer Granate sie traf, fiel sie in ein Koma. Ihre Rache führte sie in den Tod. Doch das hatte sie vorausgesehen. Wut diente ihr als Motor auf dem Weg dorthin. Das Ziel ist nicht, exakt wie Mariya Oktyabrskaya zu handeln. Die eigentliche Aspiration lautet, dass Frauen die Optionen haben sollen, von innen nach außen zu entscheiden, ob sie wütend sein wollen oder nicht. Aktuell ist es andersherum. Unsere Gesellschaft macht aus einer neutralen Emotion eine unweibliche. Das muss sich ändern.

WUT UND DISKRIMINIERUNG

WER HAT ANGST VOR DEM SYSTEM DES *WEISSEN* MANNES?

Um Diskriminierung zu erforschen, müssen ihre Strukturen genau betrachtet werden. Deshalb befinden sich auf den kommenden Seiten diskriminierende und stereotypisierende Begrifflichkeiten.

»Wenn ich darüber nachdenke, was mich eigentlich wütend macht, dann sind es die geschlechtsspezifischen Rollen unserer Gesellschaft. Mich stört es, wie mein Lebensstil abgelichtet wird, wie meine homosexuelle Partnerschaft von anderen gesehen wird und die ganzen Fragen und Darstellungen, die ich mir dazu anhören und angucken muss. Das führt immer wieder zu Momenten, wo ich innerlich unsicher oder wütend bin. Ich kann nicht immer damit umgehen. Diese Wut ist konstant. Sie begleitet mich jahrelang. Vermutlich wird sie auch immer präsent bleiben«, sagt Julia, als ich sie interviewe.

Wir unterhalten uns über ihre Beziehung zu ihrer eigenen Wut, die ambivalent ist, wie bei fast allen Frauen, mit denen ich spreche.

Julia ist als die coole, lässige und stets entspannte Frau in unserem Freund:innenkreis bekannt. Doch als ich sie zum Thema Wut interviewte, war ich verblüfft, dass sie eine stetige

Wut empfindet. Weil ich diese Wut an ihr nicht immer sehe, aber selbst kenne. Eine Wut der dauernden Ungleichbehandlung, die sich durch das ganze Leben und den Alltag zieht.

Als Julia und ihre Freundin schon eine Weile zusammen waren, wurde sie von einem Freund gefragt, ob es, wenn eine von den beiden fremdginge, auch ein Betrug wäre.

»Ich dachte: Wieso soll denn jetzt unsere Beziehung anders sein, als die von einem Mann und einer Frau? Mich ärgert das bis heute. Es nervt, mich rechtfertigen zu müssen«, sagt Julia. Das ist vermutlich auch der Grund, weshalb sie oft einfach keine Lust hat, über gesellschaftliche Herausforderungen zu schnacken. Vielleicht will sie einfach abschalten. Vielleicht kann sie bei uns auch einfach nur sie sein, weil wir ein *Safe Space* sind.

Laut der Arbeit *Mapping Gay L.A.* von der Wissenschaftlerin und Aktivistin Moira Kenney, begann das Konzept der *Safe Spaces* in der queeren Szene in den 60er-Jahren in den USA. Ein *Safe Space* war ein Ort, an dem die Menschen praktischen Widerstand gegen politische und soziale Repressionen erleben konnten. Die Begrifflichkeit wurde ab den 60er- und 70er-Jahren auch in der Frauenbewegung konsequent verwendet.

Die Welt, in der wir leben, ist kein *Safe Space*. Sie ist für *weiße*, heterosexuelle, nicht behinderte cis Männer konzipiert, alle anderen müssen sich diesen Strukturen anpassen – wie beispielsweise die Hälfte der Bevölkerung, die sich als Frau identifiziert. In Deutschland sind es sogar über die Hälfte. Hier leben mehr Frauen als Männer. Die Psychotherapeutin Anne Wilson Schaef nennt es das *White Male System* (WMS). WMS ist seit den 1970er-Jahren in den USA zum Synonym für den Begriff des Patriarchats geworden. Es basiert auf der Feststellung, dass das Gesellschaftssystem im Globalen Norden nicht allgemein männerzentriert ist, sondern ausschließlich von *weißen* Männern geprägt und auf deren spezifische Bedürfnisse ausgerichtet ist. Schaef beschreibt das *White Male System* folgendermaßen:

> »Es ist das System, in dem wir leben, und in ihm werden die Macht und der Einfluss von *weißen* Männern gehalten. Es kontrolliert fast jeden Aspekt unserer Kultur – es macht unsere Gesetze, leitet unsere Wirtschaft, legt unsere Gehälter fest, entscheidet, wann und ob wir in den Krieg ziehen, entscheidet, was Wissen ist und wie es gelehrt werden soll.«

Dieses System ist nicht über Nacht entstanden; wir alle haben es entstehen lassen und uns an seiner Entwicklung beteiligt. Andere Systeme, die darin operieren – wie die von People of Color, dicken Menschen oder Frauen, um nur einige zu nennen –, sind vollständig davon umhüllt und stehen oft im Schatten davon. Schaef schreibt: »Es umgibt uns und durchdringt unser Leben. Seine Mythen, Glaubenssätze, Rituale, Verfahren und Ergebnisse beeinflussen alles, was wir denken, fühlen und tun.«

Durch dieses System gibt es vorgefertigte Rollen, wie die *Angry Black Woman*, die »Kampflesbe« und die »immer fröhliche Dicke« – um nur einige festgelegte Rollen, sogenannte Tropen, aufzuzählen. Denn es ist so, wenn Personen einen Makel haben und von der gesetzten Norm abweichen, nämlich nicht männlich, nicht *weiß*, nicht cis, nicht heterosexuell oder dünn sind, dürfen sie vor allem eines nicht sein: wütend.

Die Autorin, Musikerin und politische Aktivistin Magda Albrecht, die zu den Themen Queer-Feminismus sowie Körpernormierungen und Dicksein forscht, bringt ihr Engagement auf eine knappe Formel: Mein Fett ist politisch.

»Wenn wir uns die Präsentationen von Dicksein in der Öffentlichkeit anschauen, da gibt es dann diese Stereotype der*des lustigen, freundlichen, genügsamen Dicken«, sagt sie. Berühmte deutsche dicke Personen seien meist in komödiantischen Bereichen tätig. Wenn man dick sei, dann müsse man diesen »Makel« ausmerzen, indem man besonders lustig, freundlich, genügsam oder kuschelig sei. »Du sollst dein Dicksein mit positiven Charakterzügen wettmachen. Es gibt nicht die wütende Dicke oder die schlecht gelaunte Dicke. Und wenn es diese Figuren gibt, dann sind sie schlecht gelaunt, weil sie dick sind.« Das wirkt sich auf den Alltag von dicken Menschen aus und darauf, wie sie ihre Gefühle ausdrücken. Wenn eine dicke Person also wütend ist, irritiert uns das, weil es gegen diese dominante Vorstellung der »guten Dicken« spricht.

Massenmedien galten lange als Fenster zur Welt – doch eigentlich wurden und werden Geschichten primär aus einer homogenen Perspektive erzählt. Stichwort WMS. Laut dem britischen Soziologen Stuart Hall bieten Massenmedien keine objektiven Fakten oder Tatsachen der Welt ab. Sie sind nicht (nur) Informationsträger:innen. Welche Bilder, Perspektiven oder Worte ausgewählt werden, ist weder Zufall, noch steht dahinter ein demokratischer Entscheidungsprozess. Die Gestalt von Massenmedien, was und wie etwas oder jemand repräsentiert wird, knüpft daran an, wie Macht und Wissen in der Gesellschaft (ungleich) verteilt sind. Sowohl im Fiktionalen, wie in Filmen oder Serien, als auch im Nonfiktionalen, wie den Nachrichten, werden Angehörige bestimmter sozialer Gruppen, insbesondere gesellschaftlicher Minderheiten, zu wenig repräsentiert. Falls sie gezeigt werden, dann häufig in einem negativen

Licht. Dies kann Vorurteile in der Gesellschaft sowie Diskriminierung von Minderheiten verstärken.

Diese oft stereotypisierende Darstellung determiniert, wie viel Raum marginalisierte Menschen für ihre Wut haben oder eben nicht haben. Die Folgen davon zeigt das Beispiel der »Angry Black Woman«. Laut, hysterisch, erotisch, anstrengend und temperamentvoll, das waren die Bilder, die es in Deutschland gab, wenn überhaupt mal eine Schwarze Frau in der Popkultur abgebildet wurde. Von Hip-Hop-Videos, in denen Schwarze Frauen lasziv gekleidet ihren Hintern in knappen Tangas in die Kamera wackelten, bis hin zur fiesen besten Freundin in Filmen wie *10 Dinge, die ich an dir hasse*, die alles tat, um der Protagonistin den Freund auszuspannen.

Diese Skizzierungen haben eine lange Tradition, die bis in die Kolonialzeit zurückreicht. Seit den 1950er-Jahren gibt es in den US-amerikanischen Mainstreammedien drei gegensätzliche Stereotypebilder Schwarzer Weiblichkeit: »Mammy«, »Isebel« (auch »Jezebel« genannt) und »Saphir«.

Mammy ist die gute Seele, die eine hart arbeitende, asexuelle Schwarze Frau in Knechtschaft verkörpert. Sie ist aus den Tagebüchern von Imperialist:innen entsprungen, die dort versklavte Menschen im Haushalt beschrieben. Mammys erschienen in der Werbung, auf Keksdosen und im Film als dicke, unterwürfige, glückliche Dienerin. In Filmen wie *Vom Winde verweht* oder *The Help* kursiert das Bild der »Mammy« bis heute.

Auch »Isebel« wird weiterhin in Filmen reproduziert und hat ihren Ursprung in der Sklaverei. »Isebel« ist eine hypersexuelle, verkorkste, unmoralische und laszive Frau, die Reproduktion dieses Bildes legitimierte sexuelle Gewalt gegenüber Schwarzen Frauen und wird auch heute noch verwendet.

»Saphir« verkörpert das klassische Bild der *Angry Black Wo-*

man und erwachte in den 1950er-Jahren durch eine Radio-Show namens »Amos 'n' Andy« zum Leben. Darin wurde die Charakterisierung afroamerikanischer Frauen als herrschsüchtige, aggressive und entmannende Spitzmäuse populär, und erstmalig kam der Name Saphir ins Spiel.

Nun könnten wir argumentieren, dass dieses Phänomen nur die USA betrifft, aber mit dem Boom des Privatfernsehens in den 1990er- und Nullerjahren begann die Amerikanisierung des deutschen Fernsehens. Sender wie MTV und Viva gingen an den Start, und der Import von Reality-TV-Formaten aus den USA begann. Mit der Übernahme dieser Unterhaltungsformen schlich sich auch der Archetyp der Angry Black Woman mit ein.

Carolyn West, Professorin für Psychologie an der University of Washington Tacoma erklärt, dass Saphir als »eine Vorlage für die Darstellung fast aller Schwarzen Frauen dient«. West sieht die Wut von Saphir als »Leidenschaft und gerechte Entrüstung, die oft als irrationale Wut missverstanden wird und die dazu verwendet wird, Schwarze Frauen zum Schweigen zu bringen und zu beschämen, die es wagen, soziale Ungleichheiten anzuprangern, sich über ihre Lebensumstände zu beschweren oder eine faire Behandlung für sich einzufordern«. Jede Schwarze Frau mit diesem Stereotyp der herrschsüchtigen, über jedes nachvollziehbare Maß wütenden Frau zu belegen, ist ein sozialer Kontrollmechanismus, der eingesetzt wird, um Schwarze Frauen zu bestrafen, die gegen gesellschaftliche Normen verstoßen und nicht passiv, unterwürfig, nicht bedrohlich und unsichtbar sind.

»Als ich jünger war, wurde mir oftmals gesagt, dass meine Gefühle übertrieben sind und das, was ich erlebe und empfinde, gar nicht so schlimm sei. Als wären meine Erlebnisse nicht real und ich würde mir das nur einbilden«, sagt Julia aus Leipzig, die sich für dicke und indigene Menschen einsetzt. Gemeinsam mit zwei weiteren Aktivistinnen betreibt sie auf Instagram das Format *wirmuesstenmalreden* und klärt über Diskriminierungen auf.

Vor Kurzem hatte sie auf einen rassistischen Beitrag von jungen Unternehmer:innen aus Deutschland hingewiesen. In dem Beitrag war eine Gruppe von Männern zu sehen, die T-Shirts trugen, auf denen sich Skizzen von einem Federkopfschmuck befanden. Die Gruppe verkauft diese Shirts. Axel schrieb ihr darauf folgende Direktnachricht im Wortlaut: »Du hast nichts mit einem In****er zu tun. Du bist eine fette, wütende Kuh. Ein wahrer In****er würde niemals so offensiv diskutieren. Dir fehlt es an Weisheit und Naturverbundenheit. Was hast du bitte noch mit der Lebensweise der In****er zu tun, wenn du in einem Haus mit Stromnetz sitzt und trinkend industriell abgefüllt Plastikflaschen kaufst?«

Indigenen Menschen wird also ihre indigene Identität abgesprochen, weil sie dem Narrativ, in Reservaten zu leben und keinen Internetzugang zu haben, nicht entsprechen. Wie tief dieses Konzept in Deutschland verankert ist, zeigt das Motto »Ein In****er kennt keinen Schmerz«. Damit wird indigenen Menschen nicht nur abgesprochen, dass sie körperlich verletzbar sind, sondern auch, dass sie emotionalen Schmerz empfinden.

»Wir werden so positioniert, als wenn wir gar nicht wütend sein könnten, weil wir als naturverbundenes und so primitives mysteriöses Wesen gar nicht fähig seien, komplexe Gefühle zu entwickeln«, sagt Julia.

Indigenen Personen wird die Wut abgesprochen. Ebenso wie Schwarzen Menschen, dicken Menschen und vielen anderen. Die homogene Sichtweise auf Wut, die wir jeden Tag erleben, definiert die Dimensionen der Emotionen, die eine Vielzahl der Menschen ungestraft in der Öffentlichkeit empfinden können. Das führte bei mir beispielsweise dazu, dass ich meine Wut über Jahrzehnte herunterschluckte, nur um nicht dem Bild zu entsprechen, dass Schwarze Frauen unbeherrscht und aggressiv seien. Denn bevor ich wütend bin, gibt es schon eine Annahme, wie ich reagieren werde. Das bedeutet, meine individuelle Wut wird strukturell stereotypisiert. Rassismus funktioniert nach dem Prinzip einer Sortierungsinstanz, die es ermöglicht, »Menschen die Hände zu binden, um ihnen dann vorzuwerfen, dass sie sie nicht benutzen«, so der deutsche Journalist, Autor und Migrationsforscher Mark Terkessidis. Studien zeigen, dass Schwarzen Frauen interne Faktoren unterstellt werden, wenn sie wütend sind, während *weißen* Frauen externe Aspekte zugeschrieben werden. Bedeutet: Als Schwarze Frau bin ich grundlos wütend. Während es bei anderen Personen nachvollziehbar ist, warum sie wütend sind. Diese sogenannte Beobachter:innenbewertung zeigt, wie Schwarzen Frauen und vielen weiteren Gruppen Wut gesellschaftlich aberkannt wird.

Wie viel Handlungsspielraum habe ich, wenn es schon eine vorgefertigte Meinung gibt, wie meine Wut auszusehen hat? Wenn über Jahrhunderte eine mediale Festschreibung davon existiert, dass die Wut von Schwarzen Frauen, dicken und fetten Frauen sowie queeren Menschen per se irrational ist oder die Wut von indigenen Frauen nicht existent, wie können sie ihre Proteste oder Belange überhaupt hörbar machen?

Diskriminierung und Wut ziehen sich an. Wenn eine Person eine Form von Markierung – nicht der Norm zu entsprechen – erlebt, fühlte sie eine konstante Wut, denn sie ist immer und immer wieder Mikroaggressionen ausgesetzt. Das verursacht Stress. Es belastet. So muss Julia beispielsweise Fragen beantworten, die heterosexuelle Paare nie gestellt bekommen, und das fast täglich. Und in vermeintlich progressiven Kreisen drehen sich seit Beginn der Corona-Zeit viele Diskussionen ums Gewicht. Tweets wie »Durch Corona werden wir alle dick. Aber wenigsten werden wir es ja alle zusammen, damit ich mich nicht so schlecht fühlen muss?« pathologisieren Dicksein als schlecht, krank, faul und als unattraktiv. »Ich war schon vor Corona dick und werde es danach auch sein«, sagt Magda Albrecht dazu. Eine dicke Person, die jeden Tag derartige Aussagen liest, erlebt und stets und ständig bekämpft, ist angestrengt davon. Und wahrscheinlich auch verdammt wütend.

Mikroaggressionen stellen die Identität eines Menschen infrage und zwingen die Betroffenen dazu, sich immer wieder erklären zu müssen, die Vorannahmen und Vorurteile des Gegenübers richtigzustellen. Sich immer wieder für die eigene Existenz und Lebensform rechtfertigen, sich selbst ständig beweisen zu müssen, hinterlässt Spuren.

»Das heißt, du existierst nicht. Und diese Botschaft ruft natürlich Stress im Gehirn aus«, erklärt der Psychologe Derald Wing Sue. Das heißt, es werden Stresshormone oder Neurotransmitter, die Stress darstellen, ausgeschüttet, und das Gehirn sendet Signale aus und sagt: Du bist in Gefahr. Und aufgrund dieser Antwort vom Gehirn können wir auch von einer biologischen Tötung sprechen, wenn es um rassistische Mikroaggressionen geht.

Für den Körper geht es also ums Überleben. Studien belegen, dass Diskriminierung – ganz egal, wie subtil – Konsequenzen auf die mentale und körperliche Gesundheit hat. Eine Untersuchung des Center for Health Journalism ergab 2017, dass Mikroaggressionen im Laufe der Zeit zu Essstörungen, Traumata oder Suizidgedanken führen können. Forscher:innen der Columbia University stellten fest, dass die Erfahrung von Rassismus traumatischen Stress hervorruft. Dieser Stress ist mit negativen Auswirkungen auf die psychische Gesundheit verbunden, wie Depressionen, körperliche Reaktionen, Vermeidung, Intrusionen – eine Form von Trauma, Hypervigilanz, geringes Selbstwertgefühl und Wut.

Wut und Diskriminierung verstärken einander. Je mehr Mikroaggressionen eine Person abbekommt, desto mehr Stress ist sie ausgesetzt, und desto wütender müsste sie sein. Die Betonung liegt auf »müsste«. Doch gleichzeitig ist die Gesellschaft wie ein Koordinatensystem, in dessen Zentrum ein *weißer* Mann steht. Je weiter eine Person vom Zentrum entfernt ist, desto eher soll sie die eigenen vermeintlichen Makel auslöschen. Diese gesellschaftliche Philosophie ist ziemlich absurd. Sie offenbart, dass die Personen, die eine große Palette an Gründen hätten, wütend zu sein, keinen Raum für ihre Wut erhalten. Ganz im Gegenteil, sie sollen die sogenannte Emotionsarbeit übernehmen. Die Schwarze Freundin ist die lustige, unterhaltende Person, die dafür sorgt, dass die *weiße*, dünne Protagonistin den Traumprinzen erhält. Die dicke oder fette beste Freundin hört zu, hält Hände, ist verständnisvoll, hat im Prinzip kein eigenes Leben, außer dafür zu sorgen, dass es den schönen, heterosexuellen Charakteren gut geht. Der queere beste Freund, die lesbische Freundin – marginalisierte Menschen sind im Film dazu da, sich emotional um diejenigen in unserer Gesellschaft zu kümmern, die die meisten Privilegien haben. Und dieses Bild überträgt sich natürlich auf unser reales Leben.

Der eben erwähnte Begriff »Emotionsarbeit« wird in vielen unterschiedlichen Kontexten verwendet. Im Prinzip handelt es sich um die Art und Weise, wie wir unsere Gefühle und Äußerungen im Spannungsfeld persönlicher und beruflicher Beziehungen regulieren. Der Begriff wurde erstmals 1983 von der amerikanischen Soziologin Arlie Hochschild in ihrem Buch *The Managed Heart* verwendet. Hochschild schrieb, dass Emotionsarbeit das »Herbeiführen oder Unterdrücken von Gefühlen ist, um das äußere Erscheinungsbild aufrechtzuerhalten, damit es den richtigen Geisteszustand bei anderen erzeugt«. Im akademischen Kontext bezog sich das Phänomen auf die Regulierung der eigenen Emotionen, die von bestimmten Berufen verlangt wird. Flugbegleiter:innen, die auch in stressigen Situationen lächeln und freundlich sein müssen, Krankenpfleger:innen, Erzieher:innen, um nur einige Beispiele zu nennen. Mit anderen Worten, man muss den ganzen Tag ein falsches Lächeln aufsetzen – oft, weil man in einem Dienstleistungsberuf arbeitet – unabhängig davon, wie man sich wirklich fühlt. Je nach den sozialen Erwartungen oder Anforderungen einer Arbeitsrolle werden manche Gefühle öffentlich gezeigt und andere versteckt.

In jüngerer Zeit wurde der Begriff von der Populärkultur aufgegriffen und umgeschrieben. Startschuss war ein Artikel der US-Journalistin Gemma Hartley in 2017 in *Harper's Bazaar* mit dem Titel »Frauen sind keine Nervensägen – wir haben es einfach satt«. Darin verbindet Hartley den Begriff der Emotionsarbeit mit Hausarbeit und der sogenannten »Lebensverwaltung«. Von To-do-Listen schreiben, dem Organisieren von

Familienfesten bis hin dazu, den Partner daran zu erinnern, der Schwiegermutter zum Geburtstag zu gratulieren. Die unbezahlte, erwartete und nicht anerkannte Arbeit, den Haushalt und die Beziehungen am Laufen zu halten, fällt überproportional auf Frauen zurück, wenn sie in Beziehungen mit Männern sind. Es geht um die unsichtbare Rolle, die Frauen in unserer Gesellschaft spielen. Somit verlagerte Hartley das Konzept der Emotionsarbeit vom Arbeitsplatz ins Private.

Gerade aus der Wissenschaft gibt es einiges an Kritik über die schwammige Verwendung dieses Phänomens: Die Bude nach einer Neunstundenschicht zu schrubben, während die Familie genüsslich dabei zuschaut, sei keine Emotionsarbeit, sondern einfach zusätzliche Arbeit. Trotzdem wurde der Begriff zu einer Möglichkeit für Frauen, ihre Gefühle und Frustrationen zu erklären – dass sie ihr ganzes Leben lang unsichtbare und unterschätzte Arbeit geleistet haben und weiterhin tun. Der Begriff ist, im Guten wie im Schlechten, zu einem Kürzel für jede Arbeit geworden, die Frauen leisten und die nicht explizit gewürdigt wird.

Dass bei heterosexuellen Paaren traditionell Frauen einen Großteil der häuslichen Arbeit leisten – die Planung, das Management und das Erinnern –, unterstreicht, wie eng Emotionsarbeit mit stereotypen Vorstellungen von Geschlecht und traditionellen Geschlechterrollen verknüpft ist. Elterliche Fürsorge, Konfliktlösung, aktives Zuhören: All die emotionale Arbeit, die ein Paar und/oder einen Haushalt glücklich und komfortabel macht, wird typischerweise von Frauen erwartet.

Doch Emotionsarbeit bekommt durch *Race*, Klasse und weitere Marginalisierungsfaktoren noch einmal eine ganz andere Dynamik. Frauen of Color müssen sich mit ihren sich überschneidenden Identitäten – *Race*, Klasse, Geschlecht – auseinandersetzen und zusätzlich dazu noch die gleiche Emotionsarbeit leisten wie *weiße* Frauen.

Wenn wir also über Frauen und Wut reden, können wir die Erfahrungen von Menschen, die sich als Frauen identifizieren, nicht pauschalisieren. Sie sind nuanciert. Das ist wichtig zu betonen, denn auch in vermeintlichen Kreisen von Gleichgesinnten gibt es Diskriminierungen.

Wenn Magda Albrecht bei einem aktivistischen Treffen sitzt und andere Teilnehmer:innen in dem Kreis Witze darüber machen, dass sie langsam auf ihre Pfunde aufpassen müssten, weil das ja bald nicht mehr gesund sei, wird Albrecht wütend. »Die Personen sagen Unwahrheiten und behaupten dann, dass ihr Kommentar nichts mit der Welt zu tun hat, sondern nur mit ihnen persönlich. Aber eine Annahme wie ›Dicksein ist automatisch ungesund‹ zu tätigen oder Dicksein kausal mit Krankheit zu verknüpfen, ist unwissenschaftlich und falsch. So eine Beschämung oder derart völlig unhinterfragte Halbsätze höre ich jeden Tag auch in progressiven, linken, feministischen, queeren Kontexten.« Je nach Tagesform macht Magda Albrecht einen Witz, manchmal diskutiert sie es aus, oft schluckt sie ihre Wut dann herunter. Sie möchte nicht die Spaßbremse sein.

Marginalisierte Menschen müssen freundlicher und geduldiger sein, auch wenn sie sich nicht danach fühlen. Auch wenn die Gesellschaft verdammt unfair ihnen gegenüber ist. Nicht nur im White Male System, sondern auch in vermeintlichen Safe Spaces. Dabei hat die Analyse von über 95 Studien gezeigt, dass Lächeln anstrengt, wenn einem nicht danach zumute ist. Wer Gefühle zeigt, die er nicht fühlt, kann auf Dauer das Burn-out-Syndrom entwickeln. Depression als Folge gespielter Emotionen.

Wir müssen als Gesellschaft Mehrfachdiskriminierung auf dem Schirm haben und somit auch bedenken und beachten, dass Wut unterschiedliche Dimensionen haben kann und dass Diskriminierung eine signifikante Rolle dabei spielt. Wir müssen intersektionaler werden.

Das Konzept der Intersektionalität ist inzwischen dreißig Jahre alt und eine der wichtigsten Begrifflichkeiten, um auf Mehrfachdiskriminierungen hinzuweisen. Die US-amerikanische Juristin Kimberlé Crenshaw hat bei der Benennung bewusst an das Bild einer Straßenkreuzung gedacht. Sprich ein Ort, an dem Dinge zusammenkommen, sich überschneiden. Intersektionalität ist die Anerkennung, dass jeder Mensch mehrere Identitäten hat, wie das Geschlecht, die Hautfarbe, die sexuelle Orientierung, und dass sich diese Identitäten überlappen. Eine Frau ist nicht einfach nur eine Frau. Sie kann eine Schwarze Frau sein, eine *weiße* Frau, eine indigene Frau. Diese Identitäten beeinflussen auch unsere gesellschaftliche Stellung – und unseren Wutanspruch.

Sobald Individuen aus ihren Konzepten ausbrechen, werden sie abgestraft. Ein Blick auf die Anzahl an Beleidigungen gegenüber Schwarzen Menschen, queeren Menschen, dicken und fetten Menschen, armen Menschen, transidenten Menschen oder Menschen mit Behinderung bietet einen Ausblick darauf, wie schnell die Gruppen mithilfe einer gewaltvollen Sprache in ihre jeweiligen Rollen eingeordnet werden.

Eigentlich sollten wir denjenigen zuhören, die in unserer Gesellschaft weniger Sichtbarkeit erhalten. Stattdessen sind wir damit beschäftigt, uns um uns selbst zu kümmern. Diese Passivität – einfach nichts zu tun – sorgt dafür, dass wir Unterstützer:innen einer Gesellschaft werden, in der die Wut von Marginalisierten keinen Platz hat. Diese Gruppen sollen sich glücklich schätzen, überhaupt ein Teil unser Gemeinschaft zu sein! Dann beschweren sie sich auch noch.

»Wut ist voller Wissen und Energie«, schrieb Audre Lorde in ihrem Essay *Vom Nutzen der Wut: Wie Frauen auf Rassismus reagieren.*

> »Wut ist eine angemessene Reaktion auf rassistische Haltungen, und sie darf sich steigern, wenn diese Haltungen zu immer gleichem Verhalten führen. Jene von euch Anwesenden, die den Zorn einer Woman of Color mehr fürchten als die eigene, unhinterfragte rassistische Haltung, möchte ich fragen: Ist die Wut von Women of Color wirklich bedrohlicher als der Frauenhass, der alle Aspekte unseres Lebens einfärbt?«

Frauen umfassen die Hälfte der Bevölkerung. Wenn wir zusammenhalten und uns organisieren, können wir eine Menge in Bewegung setzen. Aber wer sich darauf fokussiert, in der Gesellschaft aufzusteigen, hat keine Zeit, alle, die ein Teil dieser Gemeinschaft sind, genauer anzuschauen. Und nur so ist es möglich, zu erkennen, wie die Welt aussieht. Wut ist wie ein emotionaler Kompass, der uns dabei hilft, Ungerechtigkeiten zu deuten. Wir sollten sie voller Stolz nähren und nutzen.

> »Nicht die Wut anderer Frauen wird uns ruinieren, sondern unsere Weigerung, innezuhalten und auf den Rhythmus der Wut zu lauschen, Schlüsse daraus zu ziehen, über die Art des Ausdrucks hinwegzusehen, zum Inhalt vorzudringen und die Wut als Quelle von Empowerment zu nutzen«, so Audre Lorde.

SCHAM UND SOZIALE ZWÄNGE

Alle Gefühle sind da, um gefühlt zu werden. Klingt logisch, aber Emotionen zu erleben, ist das eine, das andere ist es, sie auszuleben. Vor allem, wenn wir unsere jahrelange Sozialisierung als Frauen berücksichtigen.

Witzig, klug, sympathisch, charismatisch und verdammt gut in ihrem Job. Genau das ist eine ehemalige Arbeitskollegin von mir. Sie arbeitete hart, zählte zu den erfolgreichsten Beraterinnen in der Agentur, in der wir gemeinsam tätig waren. Sie fehlte oft. Doch obwohl sie im Vergleich zu den anderen Kolleg:innen wenig im Büro war, erledigte sie in der Zeit, in der sie anwesend war, mehr Aufgaben, war erfolgreicher als diejenigen, die stets und ständig am Schreibtisch saßen, und ging euphorisch immer noch einen Schritt weiter als die anderen Kolleg:innen. Die Chefinnen mochten sie, die Kolleg:innen hassten sie. Sie wurde von ihrem Team als anstrengend bezeichnet, da sie für ihr Recht einstand, laut wurde, sobald sie eine Ungerechtigkeit witterte. Das machte sie verdammt unsympathisch.

Sie ist ein starker Kontrast zu dem, was unsere Gesellschaft als universelle Rolle von Frauen erwartet. Sie war nicht selbstlos. Sich aufzuopfern und für Familie, Freund:innen oder Partner:innen stets und ständig da zu sein, sind Aspekte, für die eine Frau anerkannt wird. Das ultimative Kompliment, das man einer Frau machen kann, ist es, ihr zu sagen, dass sie selbstlos ist.

Wut ist egoistisch, und Frauen sollen selbstlos sein. Was würde passieren, wenn alle Frauen ihre Wut auslebten? Wenn alle Frauen Grenzen setzen und für sich einstehen, im Kleinen sowie im Großen. Unausgewogene Beziehungen würden in Balance kommen, korrupte Strukturen würden gerecht – wie dass Frauen weiterhin weniger Geld verdienen –, und unsere Gesellschaft würde sich wandeln. Ärgerliche Frauen gab es schon immer. Mal als Hexe, Emanze oder als Zicke betitelt, wurden sie diskursiv und symbolisch sanktioniert, teilweise auch räumlich von der Gesellschaft ausgeschlossen – Hexen durften beispielsweise nur am Rande des Dorfes leben –, sobald sie am Raster der normativen Weiblichkeitskonzeptionen scheiterten.

Je nach historisch-kulturellem Setting galten solche Frauen als besessen, irrational, hysterisch oder frustriert, schreibt die Historikerin und Geschlechterforscherin Dr. Fabienne Amlinger in ihrem Aufsatz *Wut und Feminismus*. Zuschreibungen, die abwerten, individualisieren, pathologisieren und letztlich ablenken von dem, was hinter diesen sozial relevanten Emotionen steckt: ein Alarm, der einem signalisiert, hier stimmt etwas nicht, und dagegen muss vorgegangen werden. Stattdessen sind starke Frauen, die nicht vor ihrer Wut zurückschrecken, unsympathisch.

Insbesondere, wenn man sich selbst stark aufopfert, neigt man dazu, das eigene Umfeld zu verurteilen. Man kritisiert andere Personen intensiver dafür, dass sie sich »gehen lassen«, wenn man sich selbst nicht den Raum gibt, die eigene Wut auf diese Weise auszudrücken.

»Psychologie hin, Sozialisation her – Frauen haben die Wahl. Konflikte auszutragen, lässt sich lernen, wenn man es will. Doch dazu gehört Mut. Und Frauen sind feige«, schreibt Bascha Mika in *Die Feigheit der Frauen: Rollenfallen und Geiselmentalität*. Was, mit Verlaub, leicht gesagt ist.

Alle Menschen kennen Feigheit oder Scham. Sie sind Teil unserer Existenz. Gerade die Scham ist ein peinigendes Gefühl. Wer sich schämt, zieht sich zurück, igelt sich ein, möchte im Erdboden versinken. Sie trennt die Menschen – jedenfalls solange sie unbewusst ist. Scham kann von unterschiedlicher Dauer sein: Sie kann ein flüchtiger Affekt bleiben oder sich zu einer dauerhaften Charaktereigenschaft chronifizieren. Sie kann auch unterschiedliche Intensitäten haben: Von leichter Peinlichkeit bis hin zum abgrundtiefen Selbstwertzweifel.

Auch bei der Wut gibt es den Morgen danach, der dem Zustand nach einer durchzechten Nacht ähnelt. Der Schädel brummt, in der Magengegend braut sich ein ungutes Gefühl zusammen, am liebsten würde frau die Decke über den Kopf ziehen, doch vor allem drängt eine große Frage: »Was habe ich gesagt?«, gepaart mit dem Schuldgefühl: »Hätte ich es auch anders sagen können?«

Wut und Aggressionen sind Energien, die Frauen nicht produktiv einzusetzen gelernt haben, schreibt Bascha Mika. Diplomatisch zu sein entlastet nicht die Person, die ihre Wut verbergen muss, sondern das Gegenüber. Dabei wird die Wut so stark klein gemacht, dass aus dem lodernden Feuer ein kleines Glühen wird, das schließlich ganz verpufft.

Eine der wichtigsten Fragen zur Wut der Frauen bleibt also: Warum soll unsere Wut diplomatisch sein? Ist es die Scham, falschzuliegen, die Angst vor gesellschaftlichen Folgen wie Ausgrenzung, oder denken wir, dass unsere Argumente nur dann, wenn sie hübsch verpackt sind, einen Wandel hervorrufen können?

Ist meine Wut berechtigt? Das ist die zweite wichtige Frage. In welcher Situation wird unsere Wut als o. k. betrachtet? Dabei gibt es keine falsche oder richtige Wut. Ärger ist subjektiv. Nur man selbst kann bestimmen, wann die Wut uns geholfen hat. Wut hat eine wichtige Funktion. Sie ist ein Alarmsignal und zeigt, hier stimmt etwas nicht. Ob sie letztendlich effektiv oder nicht ist, liegt daran, ob das Problem bleibt oder verschwindet. Dabei spielen wir selbst eine signifikante Rolle. Denn wütend zu sein, ist eine Grundemotion. Grenzen zu setzen, für sich einzustehen, ist ein Instinkt.

»How dare you?«, fragte die schwedische Klimaschutzaktivistin Greta Erman Thunberg beim UN-Klimagipfel im September 2019 in New York. Aus ihren »Schulstreiks für das Klima« wurde eine globale Bewegung. *Fridays For Future* plädiert für eine an den Erkenntnissen der Wissenschaft orientierte, konsequente Klimapolitik. Davon sind wir aktuell noch weit entfernt. Thunbergs Rede demonstrierte ihre Wut und sorgte weltweit für Schlagzeilen. »Das ist alles nicht richtig«, begann Thunberg. »Ich sollte hier nicht sein, ich sollte in der Schule sein, auf der anderen Seite des Ozeans.« Sie warf den anwesenden Staats- und Regierungschefs, darunter auch Angela Merkel, mangelnde Handlungsbereitschaft vor. Ihre Wangen waren übersät mit roten Flecken, in ihren Augen sammelten sich Tränen, ihr Gesicht war zu einer Fratze verzogen, und ihre Stimme war brüchig, fast heiser. »Wie konntet ihr es wagen, meine Träume und meine Kindheit zu stehlen mit euren leeren Worten?«, fragte die junge Schwedin mit bebendender Stimme: »Wie könnt Ihr nur weiter wegschauen?«

Anfangs konnten auch diejenigen, die den Klimawandel bagatellisieren, einigermaßen mit der Sechzehnjährigen leben. Greta war das liebe, stille, wohlerzogen wirkende Mädchen. Doch das Blatt wendete sich mit der Rede vor der UN. Thunberg war wütend. Das kommunizierte sie in ihren Worten und in ihrer Körpersprache. »Warum denn so aggressiv?«, lautete die Frage in den Kommentarspalten unter der Videoaufnahme ihrer Rede. »Sie könnte das besser rüberbringen«, schlussfolgerte ein anderer Kommentator. Der CDU-Bundestagsabgeordnete Roderich Kiesewetter twitterte: »Wer da rational argumentieren will, ist von vornherein schon diskreditiert. Das ist die neue ›Qualität‹ mangelnden Willens zur Sachlichkeit. Bitter.« Und auch US-Präsident Donald Trump meldete sich zu Wort: »Sie scheint ein sehr glückliches junges Mädchen zu sein, das sich auf eine glänzende und wundervolle Zukunft freut.«

Greta Thunberg hatte den netten Protest versucht, nun wollte sie vor der UN klarmachen: Ich bin wütend, und ihr seid der Grund. Doch die Welt hielt sich damit auf, über die Darbietung dieses Protests zu diskutieren, statt über den Grund von Thunbergs Wut.

»Es gibt schon Räume für Frauen, wütend zu sein«, so Dr. Ursula Hess. »Aber es ist besonders schwierig für junge Menschen. Älteren Frauen wird mehr Raum für ihren Ärger eingeräumt.« Das ist paradox, denn viele wissenschaftliche Arbeiten weisen darauf hin, dass die Häufigkeit, die eigene Wut ausdrücken zu müssen, und die Intensität der Wut mit fortschreitendem Alter abnimmt. Ob das an der Sozialisierung liegt oder mit den individuellen Erfahrungen zusammenhängt, bleibt unklar. Eines steht fest: Je jünger die Frau, desto weniger Wut wird ihr eingeräumt, auch wenn sie diese eher ausdrücken möchte.

Wenn eine Frau in einem vollen Geschäft wütend ist, ist irrelevant, wie es zu diesem Umstand kam. Der Fakt, dass die Person überhaupt ihre Contenance verliert, überwiegt alles andere, das Resultat wird als wichtiger bewertet als die Ursache. Ist man also in einem vollen Geschäft wütend, sind die Reaktionen der umstehenden Menschen meistens folgende: Man wird bewertet, beurteilt, verurteilt oder ausgelacht. Wütenden Frauen wird oft suggeriert, dass sie übertreiben oder dass ihre Wut unberechtigt sei. Noch schlimmer ist es, wenn ihnen erklärt wird, dass es gar kein Problem gebe, sondern dass sie es sich nur einbilden. Unser gesellschaftlicher Umgang mit der Wut, die Frauen nicht ausdrücken dürfen, gleicht dem sogenannten Gaslighting.

»Willst du mir sagen, dass ich wahnsinnig bin?«, haucht Ingrid Bergman als junge Opernsängerin Paula in dem Film *Gaslight* (zu deutsch *Das Haus der Lady Alquist*) aus dem Jahr 1944. Ihr Ehemann, den sie nach dem Tod ihrer Tante heiratet, ein charmanter Musiker, erklärt ihr: »Jetzt verstehst du vielleicht, warum ich dich nicht unter Leute lassen kann.« Der Film handelt davon, wie Paula zunehmend isoliert und desorientiert wird. Ihr Mann überzeugt sie davon, dass sie den Verstand verliert: Gegenstände verschwinden, seltsame Geräusche dringen aus einem verschlossenen Dachboden, die gasbetriebene Beleuchtung verblasst auf mysteriöse Weise. Wir erkennen, bevor Paula es tut, dass es ihr Ehemann ist, der diese Störungen verursacht. Spoilerwarnung: Paula wird am Ende verrückt.

Dieser Film hat dem psychologischen Konzept »Gaslighting« einen Namen gegeben. Es handelt sich um einen manipulativen Missbrauch, bei dem das Opfer durch die wiederholten Leugnungen, Ablenkungen und Lügen des Täters dazu gebracht wird, an dem eigenen Urteilsvermögen und Realitätssinn zu zweifeln.

»Du bist einfach übermäßig empfindlich«, »Ich weiß nicht, warum du so eine große Sache daraus machst …« oder »Du übertreibst!« sind Sätze, hinter denen sich Gaslighting verstecken kann. Im Kern geht es darum, klarzumachen: Das, was das Gegenüber fühlt, ist nicht echt. Das geht so weit, bis das Gegenüber verrückt wird oder an der eigenen Fähigkeit zweifelt, bewerten zu können, ob die eigene Wut gerechtfertigt ist oder nicht. Während die Wut von Frauen als irrational abgestempelt wurde, ist unser Urteilsvermögen sukzessive umsozialisiert worden. In Situationen, in denen man wütend werden würde, sind wir verwirrt. Das kann einen doch nur wahnsinnig machen oder zumindest verunsichern.

Viele Menschen, die Gaslighting ausgesetzt sind, ändern ihre Wahrnehmung, um einen Konflikt zu vermeiden. Normalerweise gibt es eine Machtdynamik, wenn Gaslighting stattfindet. Der Manipulator hat so viel Macht, dass das Ziel des Gaslighting Angst hat, die Beziehung zu ändern oder aus der Gaslighting-Dynamik auszusteigen, weil die Drohung, die Beziehung zu verlieren – oder die Drohung, als weniger angesehen zu werden, als man von dem Manipulator gesehen werden möchte –, eine existenzielle Gefahr darstellt.

Unter Berücksichtigung all dessen ist es schwierig zu sagen, dass Frauen feige seien. Vor allem, wenn wir die lebenslange Konditionierung und Gaslighting-Dynamik bedenken, denen Frauen ausgesetzt sind. Wenn man nach etwas greifen möchte, und jemand schlägt einem auf die Hand, ist das das nicht weiter schlimm, aber wenn es über Jahre geschieht, verinnerlichen wir die Reaktion. Es steckt Trauma in der Sozialisierung, die wir als Frauen erleben. Diese zu durchbrechen, kostet viel Selbstwert, Mut und die Bereitschaft, unsympathisch zu sein.

»Frauen können selbstverständlich wütend sein«, erklärt die Emotionsforscherin Dr. Ursula Hess. Wenn man eine Frau sieht, die ärgerlich ist, assoziiert man diese Emotion allerdings mit ihrem Charakter. Bei Männern wird deren Wut äußeren Umständen zugeschrieben. Auch in heteronormativen Beziehungen, stellte ein Forscher:innenteam um Agneta H. Fischer fest, neigen Frauen dazu, ihre Wut eher zu unterdrücken als Männer. Männer berichten, ihre Wut direkt auszudrücken. In egalitären Beziehungen, also in gleichberechtigten Verhältnissen, wurde dieser Unterschied nicht gefunden. Zusätzlich haben Frauen in industriellen Gesellschaften im globalen Norden eher als Männer häusliche und pflegende Rollen inne, in denen die emotionale Fürsorge für andere ihre Hauptaufgabe ist. Männer hingegen sorgen eher als Frauen für die materiellen Ressourcen und übernehmen eine Rolle in der Erwerbswirtschaft. Diese Rollen deuten auf Macht- und Statusunterschiede hin, wobei weiblichen Rollen weniger Macht und Status zugesprochen wird. Agneta Fischer schlussfolgert, dass unterschiedliche Emotionen und Emotionsausdrücke erforderlich sind, um diese sozialen Rollen erfolgreich auszuführen. Wut dient dem Durchsetzen. Etwas, was Frauen in ihren Positionen traditionell weniger benötigten. Fischer unterscheidet zudem in der Anwendung von starken Emotionen wie Wut oder Verachtung. Sie dienen zur Machterhaltung und werden zur Demonstration von Durchsetzungsfähigkeit genutzt. Dann gibt es noch machtlose Emotionen, die sich mit der inneren Schuld, Verletzlichkeit und der Unfähigkeit, mit negativen Ereignissen umzugehen, beschäftigen. Zu diesen Emotionen gehören zum Beispiel Traurigkeit, Angst, Scham und Schuld. Letztere dienen dazu, Harmonie und soziale Beziehungen aufrechtzuerhalten.

Bei der Frage, wer Wut ausdrücken darf, geht es in Wahrheit um eines: Macht. Fischers Arbeit zeigt, dass es in egalitären Beziehungsmodellen keine Wut- und Machtverschiebungen gibt. Damit Frauen mehr Raum für ihre Wut haben, bräuchten wir also eine gleichberechtigte Gesellschaft. Von der sind wir aktuell noch sehr weit entfernt.

Das zeigt schon ein Blick in die zwei Industrien, in denen Frauen mehr Geld verdienen als Männer: Die Pornoindustrie und das Influencer:innen-Marketing. In den Vorständen der dreißig Dax-Konzerne sind sechs ausnahmslos mit Männern besetzt, und insgesamt 15 Prozent der Dax-Vorstandsmitglieder:innen sind Frauen. Deutschland hinkt im Vergleich zu den USA, Schweden, Großbritannien und Frankreich hinterher. Das bedeutet, Frauen sind in den Bereichen erfolgreich, wo sie die Strukturen und Ordnungen der männlichen Dominanz nicht untergraben.

Doch was ist, wenn Zurückhaltung einfach in der Natur von Frauen liegt? Die gute alte biologisch-physiologische Erklärung, dass Frauen submissiv und Männer dominant sind, die Frage: Was verursacht Geschlechtsunterschiede im menschlichen Verhalten? Diese Überlegung lässt sich nicht mit einem einzigen wissenschaftlichen Prinzip beantworten. Einfach gesagt, es ist kompliziert.

Der biosoziale Ansatz von dem Forscherinnenteam Wendy Wood und Alice H. Eagley versucht darauf eine Antwort zu finden. Dieser Ansatz betont die Bedeutung sozialer Rollen bei der Erklärung von Geschlechtsunterschieden im Sozialverhalten, erkennt aber auch die Tatsache an, dass geschlechtsspezifische physiologische Attribute (Männer sind körperlich stärker, oder Frauen können Kinder kriegen) berücksichtigt werden müssen. Diese Form der Analyse und Überlegung stellt eine Cis-Perspektive ins Zentrum. Hier geht es um »Männer« und »Frauen«, obwohl das längst nicht alle Menschen umfasst – es gibt mehr als nur diese beiden Geschlechter, nicht alle Frauen können Kinder gebären, und nicht alle Männer haben einen starken Bizeps. Trotzdem können die folgenden Beobachtungen von Wood und Eagly dabei helfen, sich mit denjenigen gesellschaftlichen Konstruktionen auseinanderzusetzen, die noch immer auf der Binarität von »männlich« oder »weiblich« basieren.

»Alle von uns untersuchten Kulturen weisen auf eine Allianz zwischen Männern und Frauen bei der Arbeitsteilung hin, die in erster Linie so organisiert zu sein schien, dass die Mütter in der Lage waren, Kinder zu gebären und Säuglinge zu stillen und zu versorgen, und in zweiter Linie die Größe, Kraft und Schnelligkeit der Männer auszunutzen«, so das Forscher:innenteam. »Dennoch variierten die spezifischen Aufgaben, die von Männern und Frauen innerhalb dieser Aufteilung am effizientesten ausgeführt wurden, je nach lokaler Ökologie und sozioökonomischer Struktur, mit dem Ergebnis, dass Aufgaben, die für Männer charakteristisch waren, von Frauen unter Umständen ausgeführt wurden, die die Einschränkungen der reproduktiven Aktivitäten von Frauen aber nicht reduzierten. Zum Beispiel jagten Frauen in Gesellschaften, in denen diese Tätigkeit ihre reproduktiven und kinderbetreuenden Aktivitäten nicht übermäßig einschränkte.«

Woods und Eagly schlussfolgern: »Die Einschränkungen, die sich aus dem reproduktiven Verhalten der Frauen ergeben, scheinen die Ausübung von Tätigkeiten zu behindern, die eine intensive Ausbildung und den Erwerb von Fähigkeiten erfordern, und den Frauen die Energie und Zeit zu entziehen, die sie für die Ausübung solcher Tätigkeiten benötigen. In Gesellschaften des globalen Nordens waren es genau diese Tätigkeiten, die Status und Macht in der breiteren Gesellschaft verschafften. Das Patriarchat entstand also zu einem großen Teil aus den Schwierigkeiten der Frauen, ihre reproduktiven Tätigkeiten effizient mit qualifizierten Produktionsaufgaben zu verbinden, die in komplexeren Gesellschaften maximal zu Macht und Status beitrugen.«

Inzwischen gibt es Kitas, Schulen und weitere Instanzen, die Frauen die Möglichkeit bieten, sich Fähigkeiten, Abschlüsse und zudem noch all die anderen Dinge zu beschaffen, die es für ein Ticket an den Tisch der Entscheidung braucht. Nur hinken wir einige Jahrhunderte an patriarchalischen Strukturen hinterher. Alle Plätze sind schon vom Sohn des Chefs, dem Neffen oder dem Enkel belegt. Auf eine gleichberechtigte Gesellschaft müssen wir noch hinarbeiten. So um die 99,5 Jahre, laut der Untersuchung des World Economic Forums. Solange braucht es noch, um zu einer vollständigen Gleichstellung der Geschlechter in Arbeitswelt, Bildung und Politik zu gelangen. Und was ist bis dahin mit der Wut?

Aktuell gibt es zwei Möglichkeiten, als Frau wütend zu sein. Entweder man teilt die Wut und erlebt gesellschaftliche Abstrafungen, ist die unsympathische Zicke, oder man hält sich an die Spielregeln, kriegt eventuell mehr Zugriff, weil man aktuell bestehende Machtstrukturen nicht zum Wanken bringt, und fährt die Respektabilitätspolitik.

Respektabilitätspolitik bedeutet, dass Menschen, die von diskriminierenden Strukturen wie Rassismus oder Sexismus betroffen sind und die davon ausgelösten Emotionen wie Wut, Depression und Angst erleben, besonders geduldig und verständnisvoll handeln, um die Gunst der Mächtigen zu gewinnen. Ein Beispiel dafür sind die Obamas und ihr Slogan »When they go low, we go high«. So schreibt der Journalist Joshunda Sanders über die Obama-Ära und die Respektabilitätspolitik.

»Es ist die Philosophie, dass wir Schwarze uns benehmen und an die dominante Kultur anpassen müssen, um erfolgreich zu sein, um den Schutz der *weißen* Staatsbürgerschaft zu verdienen.«

Im Prinzip sollen Frauen die besseren Menschen sein. Respektabilitätspolitik ist, wenn Pädagog:innen in Kinderohren flüstern: »Der Klügere gibt nach.« Überproportional ist diese Aussage an Mädchen gerichtet. Nach dem Motto: Ja, du bist wütend, weil du in deinem Leben nur halb so viel wie Männer verdienen wirst, solltest du darüber hinaus auch noch in einer heterosexuellen Ehe mit Kindern sein, musst du neben deinem Vollzeitjob noch 4,5 Stunden täglich an kostenloser unbezahlter Care-Arbeit obendrauf packen, die du mit Putzen, Schrubben und Ackern in deinem eigenen Haushalt beschäftigt bist. Wenn du eine trans Frau bist, kommt erhöhte Gewalt und stärkere Diskriminierung am Arbeitsplatz und im Sozialen hinzu, aber wenn dich all das wütend macht, schieb es einfach weg, denn sonst wirst du von der Gesellschaft als hysterische, undankbare Kuh abgestraft. Sei klüger. Schluck es runter.

Es gibt nicht den einen Weg aus diesem Teufelskreis. Es braucht mehrere. Es braucht Frauen, die trotz gesellschaftlicher Folgen laut und unbequem sind, und Frauen, die sich dem System anpassen, um es von innen heraus zu verbessern.

Das wohl spannendste Beispiel ist die Königin der Respektabilitätspolitik, Angela Merkel. Mit dunklem Blazer steht die CDU-Frau im November 2005 vor dem damaligen Bundestagspräsidenten Norbert Lammert und spricht die Formel, um als Bundeskanzlerin vereidigt zu werden. Über sechzehn Jahre scheint sie eine der wenigen Frauen in der Politik zu sein, die eine Machtposition innehat, ohne jemals in der Öffentlichkeit aufzubrausen. Wenn eine Frau es schafft, beispielsweise in machtvollen Strukturen aufzusteigen, ebnet das den Weg für viele weitere Frauen. Der Vorbildeffekt hat sich laut der Untersuchung des World Economic Forums auch auf die Führungsqualitäten und Löhne von Frauen ausgewirkt.

»Die Verbesserung der politischen Handlungsfähigkeit von Frauen korrespondiert in der Regel mit einer höheren Anzahl von Frauen in Führungspositionen auf dem Arbeitsmarkt«, so das Fazit aus dem Bericht *Mind the 100 Year Gap: Global Gender Gap Report 2020*. Doch nur, weil wir eine Bundeskanzlerin hatten, leben wir dadurch nicht in einer gleichberechtigten Gesellschaft. Im Bundestag ist der Frauenanteil seit der Bundestagswahl 2017 wieder gesunken, von 36 auf knapp 30 Prozent. In Deutschland gab es noch nie eine Bundespräsidentin und damit noch nie eine Frau im nominell höchsten Staatsamt. Politisch hat Merkel sich wenig für die Gleichberechtigung eingesetzt. Sie sprach sich erst gegen eine Quote aus und gegen Teilzeitregelungen, die Frauen die Rückkehr in den Beruf erleichtert hätten. Gleichzeitig unterstützt sie ein Betreuungsgeld für Eltern, die ihre Kleinkinder zu Hause erziehen – die sogenannte Herdprämie –, was Frauen nicht hilft, da sie überwiegend diejenigen sind, die daheim bleiben. Eine Lösung für das Problem, dass Frauen weiterhin bei gleicher Qualifikation weniger als Männer verdienen, gibt es auch nicht. Trotzdem sieht sich Merkel als eine Art »Türöffnerin« für Frauen, allein weil sie als Vorbild fungiert. So wie ich könnt auch ihr es schaffen, sind zumindest das Bild und die Botschaft, die sie vor allem jungen Frauen und Mädchen vermitteln will. Immerhin gibt es inzwischen Kinder, die fragen: Können auch Jungs Bundeskanzlerin werden?

Angela Merkel ist eine Kanzlerin für alle, aber sie macht immer nur Politik für alle, statt sich spezifisch für Frauen oder nichtbinäre Menschen einzusetzen. Das ist die andere Seite der Respektabilitätsmedaille. So hat der Vorbildeffekt laut dem World Economic Forum auch seine Grenzen. Zwar hat er positive Auswirkungen auf die höheren Ränge, wo nun auf Führungsebene deutlich mehr Frauen präsent sind als früher, doch ein Blick auf den breiteren Arbeitsmarkt zeigt, dass die Chancen für Frauen ins Stocken geraten sind. Finanzielle Ungleichheit nimmt weltweit zu. Gleichberechtigung gibt es also nur für die *weißen,* akademischen Frauen der Elite.

Audre Lorde schreibt, dass unterdrückte Wut zweifellos dazu beigetragen hat, dass die *weiße* patriarchalische Macht Frauen zum Schweigen bringt und vor allem eine Zwietracht untereinander hervorruft. Diese *weiße* patriarchalische Kraft macht uns wütend auf andere Frauen, um von der eigenen strukturellen Macht abzulenken.

Die Autorin Joshunda Sanders schreibt, dass Frauen, besonders Schwarze Frauen und Women of Color, in patriarchalischen Gesellschaften lernen, ihr Wohlbefinden würde vom guten Willen der machthabenden Männer abhängen. Sie zitiert Audre Lorde: »Und wenn wir unsere Machtlosigkeit akzeptieren, dann kann [das Ausdrücken unserer Wut] uns natürlich zerstören.«

Wir müssen unsere kollektive Wut kanalisieren – zum Beispiel durch zivilgesellschaftliches Engagement wie die 68er-Bewegung, Black Lives Matter, welches mehrheitlich durch Schwarze Frauen initiiert wurde, oder durch den initialen Gedanken des Christopher Street Day. Diese Art von Organisation ist ein wichtiger erster Schritt, um nachhaltige politische Macht aufzubauen. Auch das sagte Audre Lorde: *There is no liberation without community.*

Die Scham, die wir individuell und kollektiv fühlen, hat einen Grund. Unsere natürlichen Instinkte, aus der Haut zu fahren, wurden durch gesellschaftliches Gaslighting stillgelegt. Wütende Frauen mit gebrochenem Herzen sind nicht gebrochen. Wütende Frauen mit gebrochenem Herzen sind die Antwort auf eine kaputte Welt. Denn sie schenken unseren Umständen Aufmerksamkeit. Es geht hier nicht um die Wut einer Einzelnen, es geht um die Wut von uns allen.

Wenn wir der Frage nachgehen, warum die Wut von Frauen anders wahrgenommen wird, geht es um Macht und Traumatisierung. Wir sehen Frauen, die für ihre Wut verurteilt werden. Dabei ist Wut Selbstliebe. Frauen, die sie ausleben, sind nicht unsympathisch. Sie sind stark. Und starke Frauen können die Welt verändern.

Wir brauchen eine Rekalibrierung unseres Wut-Verständnis füreinander und darüber hinaus. Dabei müssen wir unsere sozialen Konventionen verlernen, um an unsere ursprünglichen Instinkte zu gelangen. Wir sind so geübt darin, unsere Wut zu verpacken, zu verschönern und rational zu erklären, und in diesem langen Prozess bleibt sie wieder nur bei einem selbst. Es ist hart und verunsichernd, die eigene Wut zuzulassen. Sich selbst treu zu sein, vor allem als Frau, wenn es doch immer wieder heißt, wütende Frauen seien unverschämt. Wütende Frauen sind vor allem gefährlich. Für den Status quo.

In *Vom Nutzen der Erotik: Erotik als Macht* schrieb Audre Lorde:

> »Wir wurden dazu erzogen, das eigene Verlangen und das Ja zu uns selbst zu fürchten. Doch sobald wir es einmal anerkennen, verliert alles, was unserer Zukunft hinderlich ist, seinen Schrecken und seine Unveränderlichkeit. Die Angst macht unsere Sehnsüchte verdächtig, verleiht ihnen aber auch eine willkürliche Macht, denn eine unterdrückte Wahrheit ist umso zäher.«

Frauen aller Sexualitäten werden darauf programmiert, sich selbst innerhalb eines männlichen Systems und vor einer männlichen Aufmerksamkeit zu definieren. Wir brauchen mehr Allianzen statt Fehden. Wir müssen Wut für uns definieren, statt sie von anderen definieren zu lassen.

Für eine Wut-Katharsis benötigen wir die Angepassten und die Unangepassten. Dabei sollten sie kein Streitlager, sondern ein Team sein. Denn es braucht Dialoge, Kollegialität und eine Community. Statt bei dem nächsten öffentlichen Wutausbruch die Augen zu verdrehen, müssen wir zuhören.

> »Ein weiteres universelles Merkmal sozialer Organisation ist das Bemühen von Eltern und anderen Bezugspersonen, Kinder so zu sozialisieren, dass sie einen geschlechtergerechten Beitrag zur gesellschaftlichen Arbeitsteilung sowie zu den patriarchalischen Sozialstrukturen leisten, die für viele Gesellschaften charakteristisch sind«, schreiben Woods und Eagly.

Wir haben es in der Hand, ob wir Mädchen und Jungen unsere geschlechtsspezifischen Stereotypen beibringen. Die Ergebnisse von Woods und Eagly legen nahe, dass Biologie, Sozialstruktur und Umwelt wechselseitig interagieren.

> »Trotz der Rollenzwänge, die mit den reproduktiven Aktivitäten der Frauen und bis zu einem gewissen Grad mit der Größe und Stärke der Männer verbunden sind, scheinen beide Geschlechter genügend psychologische Flexibilität zu besitzen, um sich an eine breite Palette von sozioökonomischen Rollen anzupassen.«

Die 99,5 Jahre bis zur Gleichberechtigung sind eine verdammt lange Zeit. Doch ich kenne da eine Emotion, mit der wir so viel niederbrennen könnten, dass es vermutlich ein wenig schneller gehen würde.

WUT ALS KATALYSATOR FÜR VERÄNDERUNG

WO SIND ALL DIE WÜTENDEN FRAUEN IN UNSERER GESCHICHTE?

Wut ist seit Jahrhunderten ein Katalysator. Sie brachte Frauen dazu, eine Vielzahl von Ansätzen zu entwickeln, um die Welt zu verändern. Doch in der Geschichtsschreibung gibt es kaum wütende Frauen.

Im Jahr 1848 wirkten sich die Parolen der Französischen Revolution auch auf den Deutschen Bund aus. Die Märzrevolution stand kurz bevor. Schließlich zwangen die Revolutionäre die deutschen Fürsten zu liberalen Zugeständnissen. Ziel war die Gründung eines deutschen Nationalstaates mit Verfassung. Ein Blick in die Geschichtsbücher zeigt: Es sind vor allem männliche Gesichter zu sehen. Bei den Versammlungen, als Barrikadenkämpfer oder als Mitglieder der Bürgerwehren – Frauen kommen in dieser Erzählung höchstens als verzückte Zuschauerinnen vor.

»Die Frauen und Mädchen zeigen sich mutiger und begeisterter als die Männer«, schrieb Friedrich Hecker in *Die Erhebung des Volkes in Baden für die deutsche Republik* im Frühjahr 1848. Von Nähen, Einkaufen oder dem Organisieren von Wohltätigkeitsaktionen, um Geld zu sammeln – Frauen arbeiteten auf unterschiedlichen Ebenen aktiv mit. Einige unterstützten die Angehörigen gefallener Revolutionäre und politische Häftlinge. Sie verfassten Petitionen für deren Amnestie an das Parlament, hielten Reden, mobilisierten und motivierten Teilnehmer:innen. Dann gibt es noch diejenigen, die an der Front dabei waren, wie Elisie Blenker, Mathilde Anneke oder Emma Herwegh. Gemeinsam mit ihren Männern zogen sie ins Feld. Prozessakten des Falles um Margarethe Adams bezeugen, dass sie Steine als Waffen verwendete und Barrikaden mitbaute.

Es war eine aufregende Zeit. In ganz Europa kam es zu Unruhen, und es gab einen Ausblick darauf, wie ein demokratischer Staat aussehen könnte. Doch im Juli 1849 wurde das Vorhaben von preußischen und österreichischen Truppen mit militärischer Gewalt niedergeschlagen. Die Revolution war nicht geglückt. Hecker, der erst enthusiastisch über die Teilhabe von Frauen schrieb, änderte seine Meinung. Er wurde distanzierter: »Nur dem, der in den Krieg ziehe, seien auch Entscheidungsbefugnisse über die staatliche Politik und die Bürgerrechte zu gewähren.« Er war nicht der Einzige. Viele Aussagen der männlichen Revolutionäre machen deutlich, dass Frauen in der Zeit zwar neue öffentliche Rollen hatten, diese aber mit Ende der Revolution schnell wieder zurückgeben und vor allem vergessen sollten.

Falls Frauen zuvor wütend waren, fühlten sie sich danach rasend. Genau diese Enttäuschung war der Nährboden für die erste feministische Welle.

»Die Teilnahme der Frau an den Interessen des Staates ist nicht ein Recht, sondern eine Pflicht«, schrieb die Autorin Louise Otto-Peters. Sie war eine der ersten Vertreterinnen der Frauenbewegung im deutschsprachigen Raum. Otto-Peters gründete im Jahr 1865 den ersten Frauenverein. Daraufhin folgten viele weitere Zeitschriften und Vereinigungen, in denen Frauen sich trafen, austauschten und organisierten. Das markierte die erste Etappe von vielen weiteren Wellen des Feminismus in Deutschland.

Doch die Märzrevolution hatte bereits einen Denkfehler. Es ging nicht um Menschenrechte. Es ging um Männerrechte. »Sie ist eigentlich ein schönes Beispiel dafür, dass sich Frauen angesprochen fühlten, aber nicht mitgenommen wurden«, erklärt Dr. Kerstin Wolff. Die Historikerin hat sich auf die Frauenbewegung des 19. und 20. Jahrhunderts spezialisiert.

> »Frauen durften in der Paulskirche oben in der Galerie Platz nehmen. Das war schon ein Fortschritt. Sie waren auch interessiert. Aber sie kamen mit der Frauenförderung überhaupt nicht voran. Bis zur Einführung des Frauenwahlrechts hat es noch über sechzig Jahre gedauert. Fast ein ganzes Leben.«

Die deutsche Bewegung basiert auf den französischen Prinzipien von Freiheit, Gleichheit und Brüderlichkeit. Nicht Geschwisterlichkeit. Es handelte sich um die Emanzipation von Männern als Brüder. Frauen wurden dabei bewusst nicht mitgedacht.

Die Historikerin Hedwig Richter analysiert in *Demokratie: Eine deutsche Affäre*, mit welcher Selbstverständlichkeit Frauen in der Politik um 1800 ausgeschlossen wurden. Im 19. Jahrhundert teilte sich die Welt in zwei Sphären. Das Private für Frauen sowie das Öffentliche für den Mann. Richter ist überzeugt, dass diese weiterbestehen konnten, weil es einen Zusammenhang zwischen dem Körper und dem Politischen gibt. Bürgerliche Frauen haben ihre eigenen Körper nicht besessen. »Sie konnten geschlagen werden, sie konnten vergewaltigt werden, mindestens von ihren Ehemännern«, so Richter. Vergewaltigungen in der Ehe sind erst seit dem 1. Juli 1997 in Deutschland eine Straftat. Frauen aus dem Arbeiter:innenmilieu waren noch stärkerer Gewalt ausgesetzt, da sie weniger sichtbar waren.

> »Das Bild eines selbstbestimmten Bürgers, der selbstbewusst in der Öffentlichkeit spricht und bei den Wahlen seine Stimme abgibt, kann überhaupt nicht zusammengehen mit einem Menschen, der noch nicht einmal die Hoheit über seinen eigenen Körper hat.«

Und Frauen konnten damals eben nicht über ihren Körper bestimmen. Ein Beispiel dafür ist die Diskussion um den Paragrafen 218 des deutschen Strafgesetzbuchs, den sogenannten Abtreibungsparagrafen. Während der zweiten Welle der Frauenbewegung in den 1960er-Jahren kam es in der Bundesrepublik Deutschland zu einem Aufleben der Frauenbewegung durch Student:innen und die Jugendbewegung. Durch Gründung diverser autonomer Frauengruppen und Netzwerke versuchten Frauen, öffentlichkeitswirksam auf Benachteiligungen aufmerksam zu machen. Für die Kampagne »Mein Bauch gehört mir!« gingen viele Menschen auf die Straße. Eine der wichtigsten Figuren war Alice Schwarzer. Zwar macht sie heute mehr Schlagzeilen mit ihrer Islamfeindlichkeit und Diskursen rund um »Nuttenklamotten«, trotzdem war sie eine der wichtigsten Akteurinnen zur damaligen Zeit. Sie stritt und wütete in Talkshows. Alice Schwarzer gab mit der Zeitschrift *Emma* den feministischen Diskursen eine journalistische Stimme. Schwarzers zentrales Thema war der Paragraf 218.

Der Schwangerschaftsabbruch war 1971, als Alice Schwarzer

ihre große Kampagne gegen den Paragrafen 218 startete, verboten, er musste heimlich durchgeführt werden, war teuer, erniedrigend und manchmal lebensgefährlich.

Der Paragraf wurde durch Alice Schwarzers Arbeit und die Arbeit vieler hartnäckiger Frauen in die heutige Form reformiert – die jedoch immer noch zu den restriktivsten Abtreibungsgesetzen im europäischen Raum zählt.

In diesem Kapitel möchte ich nicht die Frauenbewegung sezieren. Es geht vielmehr um die Feststellung, dass Frauen schon immer wütend waren. Nicht nur während der Wellen der Frauenbewegung, sondern auch dazwischen. Doch wo stecken diese wütenden Frauen in der historischen Aufarbeitung?

»Wenn ich die Geschichte der Frauenbewegung betrachte, dann wird Wut darin nicht beschrieben«, erklärt Dr. Wolff und sagt: »Das ist eine interessante Fehlstellung. Da ist eigentlich ein Loch.«

Selbstverständlich gibt es deutsche Vorbilderinnen – sie sind nur nicht breit bekannt. Ingrid Sonja Liermann zum Beispiel, die NS-Verfolgte und Inhaberin der Ika-Stube. Eine Bar, die ein Freiraum für lesbische Frauen in den 1950er- und 60er-Jahren in Hamburg war und deren Motto lautete: »Hauptsache ich bin ich«.

Katharina (Käthe) Windscheid, die als erste deutsche Frau zur Dr. phil. ernannt wurde.

»Freiheit ist immer die Freiheit des Andersdenkenden«, schrieb Rosa Luxemburg, die als promovierte Volkswirtin Karriere in der deutschen und internationalen Arbeiter:innenbewegung machte. Als Frau, Jüdin und mit einem verkürzten Bein.

Lotte Hahm, die nicht nur die ersten Lesbenbars und Clubs für trans Menschen in Berlin gründete, sondern durch die Umverteilung von Geld queere und intergeschlechtliche Menschen unterstützte. Sie erließ erwerbslosen Menschen, die in Armut lebten, das Eintrittsgeld und teilte in ertragreichen Partynächten ihre Erlöse. Das alles in Zeiten des Nationalsozialismus.

Dann gibt es Sophie Scholl, Sophie von La Roche, Käthe Kollwitz oder Clara Zetkin und selbstverständlich viele mehr. Doch bei der Frage nach deutschen weiblichen Wut-Vorbildern wird es etwas schwieriger.

Neurowissenschaftler:innen haben bereits herausgefunden, dass das bloße Denken an eine inspirierende Person das Belohnungszentrum im Hirn aktiviert.

Die Mannheimer Wirtschaftsprofessorin Alexandra Niessen-Ruenzi hat für ein Experiment 500 US-Amerikaner:innen aufgefordert, so viele Kopfrechenaufgaben wie möglich zu lösen. Danach mussten sie sich für eine von zwei Optionen entscheiden: Entweder sie wurden auf der Basis ihrer eigenen Leistungen bezahlt, oder sie können in einen Wettbewerb mit anderen Teilnehmer:innen treten, in dem nur die beste Person entlohnt würde. Ein Großteil der Männer entschied sich für den Wettbewerb, Frauen für den festen Betrag. Dabei waren beide Gruppen in etwa gleich gut.

»Selbst die Männer mit dem schlechtesten Ergebnis haben sich häufiger für den Wettbewerb entschieden als die besten Frauen«, sagte Niessen-Rünzi. Sobald Frauen vor ihrer Entscheidung noch ein weibliches Vorbild sahen, fällt das Ergebnis anders aus. Die Forscher:innen zeigten den Probanden Videos von erfolgreichen Frauen, von der Tennisspielerin Serena Williams beispielsweise oder der Private Equity Managerin Nour Al Nuaimi. In den Clips schilderten die Frauen ihre Erfolgserlebnisse und was für ein tolles Gefühl es sei zu gewinnen. Nachdem die Studienteilnehmerinnen die Videos gesehen hatten, entschieden sich weit mehr für den Wettbewerb. Auf die männlichen Studienteilnehmer hatten die Videos dagegen keinen nachweisbaren Einfluss.

Was ist, wenn es diese Orientierung nicht gibt? Wir haben auf struktureller Ebene keine Vorbilder, wie Wut aussehen kann, da diese Emotion als fundamental männlich postuliert wird. Es grenzt schon an eine Wissenschaft, wütende Frauen in der deutschen Historie zu finden. Zumindest laut unseren Geschichtsbüchern. Denn Frauen, die die Welt verändert haben, werden selten als wütend beschrieben.

Am 1. Dezember 1955 saß Rosa Parks in der fünften Reihe eines Busses in Montgomery, USA. Die ersten vier Reihen waren für *Weiße* reserviert. Es war inmitten der Jim-Crow-Ära, in der die strikte Trennung von Schwarzen und *weißen* Menschen in den USA per Gesetz festgeschrieben war. Als an einer Station mehr *weiße* Passagier:innen einstiegen, forderte der Busfahrer James Blake die Schwarzen Personen in Reihe fünf auf, ihre Plätze aufzugeben. Drei taten es. Rosa Parks blieb sitzen. Das machte sie zur Symbolfigur der Bürgerrechtsbewegung. Sie war die müde, alte, liebe, stille Schneiderin, die nicht mehr die Kraft hatte, aufzustehen. Parks wird typischerweise als selbstlose Person verehrt, die mit einem spontanen Akt des Mutes den Busboykott auslöste und zur Initialzündung der Bürgerrechtsbewegung wurde.

Die Wahrheit ist: Rosa Parks war eine politische Aktivistin. Sie arbeitete bereits vor dem Vorfall seit über zwölf Jahren als Sekretärin bei der NAACP in Montgomery. Die National Association for the Advancement of Colored People war eine Organisation, die als Reaktion auf die anhaltende Gewalt gegen Schwarze Menschen im Jahre 1909 gegründet wurde. Sie ist eine der bedeutendsten Bürgerrechtsorganisationen der Vereinigten Staaten. Eine der vielen Aufgaben von Parks war es, die Gruppenvergewaltigungen von Schwarzen Frauen durch *weiße* Männer im Süden der USA zu untersuchen.

Parks erklärte in ihrer Autobiografie *My Story*, sie sei nicht einfach nach ihrem Arbeitstag müde gewesen, wie oft erzählt werde, sondern hatte es satt, ständig nachgeben zu müssen. Ihre Auflehnung gegen die Rassentrennungsgesetze in diesem einen Bus war kein isolierter Moment in ihrem Leben, sondern eine lebenslange Aufgabe. Auch wird heruntergespielt, dass Parks Teil einer Bewegung war, deren Anführer auf den richtigen Moment gewartet hatten, um eine Kampagne gegen die Rassentrennung in Bussen zu starten. Rosa Parks wuchs mit einem Großvater auf, der jede Nacht mit der Schrotflinte Wache schob, damit der Ku-Klux-Klan seine Familie nicht töten konnte. Sie widmete ihr Leben dem Kampf für Gleichberechtigung. Rosa Parks war nicht müde oder still. Sie war wütend und plante diese Kampagne gemeinsam mit der NAACP über Jahre.

Das verzerrte Bild, das wir heute von ihr und ihrem Protest haben, trivialisiert nicht nur die Anstrengungen, die nötig waren, um die Jim-Crow-Gesetze zu zerstören, sie positioniert auch eine der wichtigsten Schwarzen Frauen in der Historie der USA als kleines Reh, dass zufällig eine Bürgerrechtsbewegung hervorrief. Die Art, wie wir Geschichte lernen, prägt unser Denken über die Gegenwart und die Zukunft. Was die Märzrevolution und Rosa Parks gemeinsam haben, ist, dass es sich um wichtige politische Veränderungen handelt, die unzutreffend vermittelt werden. Es ist wie ein Stille-Post-Spiel, bei dem sich Geschichte, während sie von Ohr zu Ohr geflüstert wird, fundamental verändert. Und dieser Geschichte wurde eine essenzielle Zutat genommen, die vermutlich die Antriebskraft für massive politische Veränderungen war.

Unsere geschichtliche Aufarbeitung wird durch eine geschlechtsspezifischen Linse gespiegelt. Diese bildet den Zorn von Frauen nicht ab. Der Prozess fühlt sich wie ein Diebstahl von Wut-Vorbilderinnen an und dauert schon Jahrhunderte an.

Im 19. und 20. Jahrhundert gab es Benimmbücher, die beschrieben, wie sich eine Frau zu verhalten hat. Primär ging es in diesen Büchern um die Beherrschung von Emotionen, zu denen natürlich auch die Wut gehörte. Damit Frauen etwas erreichen können, müssen sie es laut dieser Bücher, die übrigens überwiegend von Männern verfasst wurden, mit klugen Argumenten darbieten. Somit konnten Frauen sich nur durchsetzen, wenn sie sich an die Benimmregeln hielten. Sachlich, klar, argumentativ. Wer wütend ist, ist dumm. Wer klug ist, argumentiert. Die Nebenwirkungen spüren wir bis heute. Eine ruhige, gefühlsneutrale Gesprächshaltung dient weiterhin als Indikator der Deutungshoheit.

> »Das bürgerliche 19. Jahrhundert hatte diese Idee, Menschen nach ihrem Geschlecht zu sortieren. Wir beobachten das in der Geschichte auch schon vorher, aber im 19. Jahrhundert verfestigte es sich. Es ging nicht nur um das Körperliche, sondern auch um die Vollendung des Charakters. Es ist die Festlegung, dass eine Frau so oder so ist, und dem müssen dann alle Frauen entsprechen. Die Frauen sind die Emotionalen. Die Männer die Rationalen. Emotional bedeutet, eben nicht aus einem bestimmten Grund Wut zu empfinden, sondern es heißt, unlogisch zu sein. Deswegen werden Frauen nicht zum Wählen zugelassen. Emotional zu

sein bedeutet auch, schwach zu sein, zu schwach, um zum Beispiel auf dem Arbeitsmarkt bestehen zu können. Das sind alles gut geeignete Argumentationen, um Diskriminierungsstrukturen aufrechtzuerhalten«, sagt die Historikerin Dr. Kerstin Wolff.

In der historischen Aufarbeitung gibt es die sogenannten Ego-Dokumente, das sind Briefe, Tagebucheinträge – Materialien, die Frauen historisch selbst verfasst haben. Davon gibt es nicht viele, aber sie haben überraschende Ähnlichkeiten miteinander. In ihnen beschreiben Frauen sich selbst selten als wütend, zornig oder ärgerlich. Ob sie verfasst wurden mit dem Bewusstsein, eines Tages gelesen zu werden, ist unklar, denn viele Frauen schreiben schon im Vorgriff auf die Rezeption.

»Es gab übrigens unter den Frauenrechtlerinnen damals natürlich auch Streit«, sagt Dr. Wolff. »In ihren Briefen stritten sie sich teilweise wie die Kesselflicker, wie man so schön sagt. Aber da geht es nie um Wut. Sie schreiben nicht: Ich bin wütend, sondern es geht immer um Argumente.«

Dass Frauen sich selbst nicht als wütend bezeichneten, ist eine Form des Schutzes. Emotionalität dient damals sowie heute als Hauptargument, um Frauen kollektiv zu diskreditieren. Natürlich waren Frauen wütend, sie wussten es nur gut zu verpacken, denn ihre »hysterische Art« wurde ihnen oft als Grund vorgehalten, politisch nicht partizipieren zu können. Man müsste mit dem Wissen von heute die vielen Autobiografien noch einmal auf der Suche nach Wut lesen. Vermutlich schlummert sie zwischen den Zeilen.

Wut ist so unweiblich, dass sie aus unserem historischen Gedächtnis gelöscht wurde. Das macht es natürlich auch schwer, Beispiele zu finden, in denen Wut eine positive Emotion darstellt und nicht als Antagonist der Logik gehandelt wird. Vermutlich wurden viele historische Ereignisse von Frauen aus dieser Perspektive erzählt, wenn sie es überhaupt in die Geschichtsbücher schafften.

»Durch Liebe, Mut und Wut bin ich gewachsen«, schrieb die Dichterin May Ayim. Sie ist ein Beispiel von Frauen, die nicht ins Unterrichtsprogramm aufgenommen werden. Mit ihren Worten und Werken trug Ayim zur Sichtbarmachung von Schwarzen Menschen in Deutschland bei. Mit dem Buch *Farbe bekennen* offenbarte Ayim gemeinsam mit Katharina Oguntoye und Dagmar Schultz die historischen Wurzeln von Afrodeutschen. Sie bewiesen unter anderem, dass Schwarze Menschen schon seit der Kaiserzeit Teil dieses Landes sind, portraitierten unterschiedliche Frauen und erzählten ihre Geschichte aus ihrer eigenen Perspektive.

> »Nachdem sie mich erst anschwärzten
> zogen sie mich dann durch den kakao
> um mir schließlich weiß machen zu wollen
> es sei völlig unangebracht schwarz zu sehen«

Dieser Auszug aus *Exotik* zeigt, wie Ayim Gedichte als politisches Werkzeug verwendete und wie präsent ihre Wut in diesem Schaffen ist. Auch die erfolgreichste Mädchenband Deutschlands, Tic Tac Toe, nutzte die Wut als Treiber für ihr Werk. Mit Songs wie »Verpiss dich!« oder »Hey, Mister Wichtig« terrorisierten Teenager nicht nur ihre Eltern, indem sie die Lyrics von Jazzy, Lee und Ricky in ihren Zimmern brüllten, die Band widmete sich auch vielen gesellschaftskritischen Themen. Für den deutschen Markt war es zum Karrierestart des

Trios noch ungewöhnlich, dass sich junge Frauen bestimmt, selbstbewusst und auf Deutsch zu Themen wie Beziehung, Rollenbilder, Geschlechterkampf und vor allem Sex äußerten. Deshalb kam ihre Musik bei der Kritik relativ schlecht an. Das beeinflusste ihre Karriere allerdings nicht im Geringsten. Die Band verkaufte über sechs Millionen CDs und gehört zu den erfolgreichsten Girlbands Europas. Tic Tac Toe beschäftigten sich in ihren Liedern oft mit sozial relevanten Herausforderungen. So plädierten die drei in dem Song »Leck mich am A, B, Zeh« zum Benutzen von Kondomen zum Schutz vor HIV, im Lied »Warum?« wird der Absturz einer Drogensüchtigen aus der Perspektive einer Freundin behandelt, und »Bitte küss mich nicht« verarbeitet das Thema Kindesmissbrauch.

»Wenn wir Freunde wären, dann würdest du so eine Scheiße nicht machen«, rief Lee einmal wütend auf einer Pressekonferenz. »Du machst uns alles kaputt. Das schwöre ich!« Beim Googeln von »Tic Tac Toe Band« ist das erste Ergebnis diese berüchtigte Aufnahme. Am 21.11.1997 sollte eigentlich die große Versöhnung der drei zerstrittenen Frauen stattfinden. Doch es ging ganz anders aus. Jazzy, Lee und Ricky gerieten vor Journalist:innen und somit vor ganz Deutschland aneinander. Zunächst stürmte Lee von der Bühne, dann Ricky, und schließlich erklärte Jazzy zornig: »Damit ist die Show vorbei!«, legte das Mikrofon hin und verschwand. Diese Minuten gehören zu den bekanntesten medialen Wutmomenten in der deutschen Geschichte und zu einem der wenigen Momente, wo wütende Frauen ungefiltert aufgenommen und geteilt wurden. Nach diesem Auftritt konnten Tic Tac Toe nie wieder an ihren einstigen Erfolg anknüpfen. Im Jahr 2005 gab es noch einmal den Versuch eines Comebacks, der mit der dritten Single scheiterte. 2020 war eine Tour geplant, die vermutlich aufgrund der Coronapandemie abgesagt wurde. Jazzy, Lee und Ricky sind nicht mehr in der Musikindustrie tätig. Auf dem Höhepunkt ihrer Karriere haben sie sich mit ihrer Wut gegeneinander ins Aus geschossen. Sie gehören zu den warnenden Bildern, die uns zeigen sollen: Diese gesellschaftlichen Folgen sind zu fürchten, wenn man der Wut freien Lauf lässt.

Für die eine Frau ist ein Wut-Vorbild ermächtigend, für die andere dient sie zur Erinnerung, wie man nicht auftreten möchte. Der Umgang mit unseren Gefühlen wird in den ersten Lebensjahren geprägt. Wir schauen uns von unseren Eltern und unserem Umfeld ab, wie sie ihre Emotionen zeigen und wie diese sich auf das Umfeld auswirken. In der Märzrevolution von 1848 gab es unterschiedliche Beispiele von wütenden Frauen. Es gab die Frauen, die auf das Pferd stiegen und die Fahne schwenkten. Aber sie sind eher Ausnahmeerscheinungen, die für eine individuelle Emanzipation sorgen. Sie sind nicht unbedingt ein Auslöser für gesellschaftlichen Fortschritt. Die frühen Frauenrechtlerinnen grenzten sich von Frauen ab, die Hosen trugen und vielleicht sogar mit der Pistole schossen. Ihre Strategie war es, gemäßigt progressiv aufzutreten und dem Rest der Gesellschaft keine Angst einzujagen, dass sie sich vielleicht zu stark emanzipieren könnten. Auch das ist eine Art Respektabilitätspolitik. Hin zur Demokratie, aber nicht zu stark, damit man weiterhin ernst genommen wird. Frau ist nicht gleich Frau. Wut auch nicht gleich Wut. Eine Handvoll wütender Frauen sorgt nicht automatisch für einen Paradigmenwechsel. Außer eine dieser Frauen heißt Medusa.

Die Gorgone wird oft als Anti-Wut-Vorbild positioniert. Medusa soll eine wunderschöne Frau gewesen sein. Poseidon vergewaltigte sie im Tempel der Athene, woraufhin die Göttin Medusa bestrafte. Sie verwandelte sie in eine Schreckensgestalt mit Schlangenhaaren und riesigen Zähnen, die jeden, der sie anblickte, zu Stein erstarren lässt, und verbannte sie. Später wird Perseus mit dem Auftrag geschickt, Medusas Kopf zu erbeuten. Er schleicht sich an sie heran, während sie schläft, schlägt ihr den Kopf ab und benutzt ihn von da an als Waffe, um Feinde in Stein zu verwandeln.

Es gibt viele Darstellungen von Medusa. Eines der wichtigsten historischen Kunstwerke ist Cellinis berühmte Statue von Perseus mit dem abgehackten Kopf der Medusa. Die Skulptur steht auf der Piazza della Signoria in Florenz und zeigt einen triumphierenden Perseus, der das abgeschlagene Haupt der Medusa in die Höhe hält. Luciano Garbatis Skulptur aus dem Jahr 2008 verändert die Perspektive. Hier hält Medusa das Haupt von Perseus. Sie sieht dabei streng, stark und unversöhnlich aus. Das rief eine neuerliche Diskussion über Medusa hervor.

Die Mythologie um Medusa ist spannend, weil sie auch gut in unsere aktuelle Zeit hineinpasst. Eine Frau ist Opfer eines Verbrechens, wird aber für mitschuldig erklärt und wird deshalb auch mitbestraft. Infolgedessen ist sie voller Wut und wird als gefährlich wahrgenommen. Dieses Stereotyp stellt Frauen, die wütend sind, so dar, als hätten sie keinen wirklichen Grund, diese Emotion zu fühlen. Oft werden sie nicht als Opfer anerkannt oder es wird nicht akzeptiert, dass ihnen etwas Ungerechtes geschehen ist oder angetan wurde. Medusa wurde vergewaltigt. Bis heute werden Frauen und Mädchen oft als mitschuldig an einem sexuellen Übergriff gesehen, oder es wird angenommen, dass sie über das Ereignis lügen. »Sie hätte eben kein kurzes Kleid tragen dürfen« oder »Sie hat den Täter angelächelt« sind nur einige von vielen Beispielen für Vorwürfe der Mittäter:innenschaft.

Doch der spannende Aspekt an Medusa ist ihre Wut. Als Perseus den Kopf von Medusa abschneidet, vergräbt er ihn nicht. Er behält ihn und benutzt ihn als Waffe für zukünftige Kämpfe. Während es für Medusa nicht als akzeptabel gilt, ihre Wut für sich selbst zu nutzen, wird Perseus dafür gefeiert, dass er ihren wütenden Kopf im Dienste seiner eigenen Ziele verwendet.

Die Wut von Frauen, die sie zu ihrer eigenen Verteidigung nutzen, wird oft nicht nur als unangemessen bezeichnet, sondern liefert auch vermeintliche Gründe, warum sie als gefährlich anzusehen sind. Während der Märzrevolution war die Wut von Frauen akzeptabel. Diese Emotion war sogar hilfreich. Der Ärger von Frauen wurde nicht als gefährlich wahrgenommen, weil er einem gemeinsamen Wohl diente: dem Sturz der Herrschaft des Adels und der Schaffung einer Demokratie. Für Männer. Deren Unterstützung änderte sich schlagartig, ab dem Moment, wo Frauen weiterhin wütend waren, aber für ihre eigenen Belange.

»In einer patriarchalischen Gesellschaft werden Frauen oft ermutigt, wütend auf die Ungerechtigkeiten anderer zu sein, besonders auf die der Männer, aber nicht auf die Ungerechtigkeiten, die sie selbst erfahren«, schreibt die Emotionsphilosophin Dr. Myisha Cherry. Frauen dürfen schon wütend sein, doch sie sollten nur altruistische Wut empfinden. Wut, die der eigenen Sache dient, ist egoistisch.

Dr. Cherry erklärt, dass es einen Zusammenhang zwischen Wert, Respekt und Wut gibt. Wenn wir jemanden als wertvoll einschätzen, denken wir, dass diese Person es verdient, respektiert zu werden. Sie hat sogar ein Anrecht darauf. Sollte dieser Person durch ein Fehlverhalten etwas zustoßen, sodass sie nicht respektiert wird, empfinden wir ihre Wut als Reaktion auf diese Situation als gerechtfertigt.

Was sagt es über unsere Gesellschaft aus, dass wir Frauen, die als Reaktion, wenn sie nicht respektiert werden, wütend sind, als hysterisch, anstrengend und schwierig deklarieren? Es zeigt, dass Frauen nicht auf dieselbe Weise geschätzt werden wie Männer. Aus einer intersektionalen Linse sinkt der Wert einer Person, je weiter sie von der *weißen,* heterosexuellen, nicht behinderten cis-männlichen Norm entfernt ist. Das erkennen wir daran, welche Gruppen die meiste Gewalt abbekommen, ohne dass dagegen strukturell interveniert wird. Migrantische trans Sexarbeiter:innen sind eine der verletzlichsten und stigmatisiertesten Gruppen Europas.

Dass die Wut von Frauen oft nicht ernst genommen wird, liegt teils daran, dass in einer sexistischen und frauenfeindlichen Gesellschaft davon ausgegangen wird, dass Frauen keinen inhärenten Wert haben. Ihr Wert liegt in ihrem Bezug zu Männern oder einem bestimmten Mann. Wenn Frauen also nicht respektiert werden, was in sexistischen und frauenfeindlichen Systemen häufig der Fall ist, haben sie kein Recht auf Wut. Wenn sie trotzdem wütend sind, steht ihr Anspruch auf Wut im Gegensatz zu den patriarchalen Normen und Erwartungen der Gesellschaft, und sie werden als Gefahr für den Status quo betrachtet.

Wut ist nicht gleich Wut. Frau nicht gleich Frau. Abgesehen von der altruistischen Wut gibt es noch eine weitere Art von Wut, die gesellschaftlich akzeptiert ist: die Wut, die aus Mutterliebe entsteht. Wenn eine Frau ihrer Rolle als Mutter nachkommt und für ihr Kind kämpft, darf sie wütend sein. Für das Kind. Nicht für sich selbst.

Am 6. März 1981 stand der dritte Verhandlungstag im Prozess gegen den damals 35-jährigen Schlachter Klaus Grabowski an. Er hatte bereits gestanden: Grabowski hatte die sieben Jahre alte Anna in seiner Wohnung vergewaltigt und erwürgt. Annas Mutter Marianne Bachmeier betrat kurz vor Verhandlungsbeginn den Schwurgerichtssaal. Sie zog eine Waffe aus ihrer Manteltasche und feuerte acht Schüsse auf den Angeklagten ab. Er saß mit dem Rücken zu ihr. Sechs Projektile trafen Grabowski. Er starb noch im Gerichtssaal. »Ich wollte ihm ins Gesicht schießen. Leider habe ich ihn in den Rücken getroffen. Hoffentlich ist er tot«, sagte Marianne Bachmeier kurz nach der Tat. Die damals 31-Jährige ließ sich widerstandslos festnehmen. Am 2. März 1983 verurteilte das Gericht sie wegen Totschlags und unerlaubten Waffenbesitzes zu sechs Jahren Haft. Nach drei Jahren kam sie wegen guter Führung frei.

Die gesamte Nation diskutierte über ihren Fall. In juristischen Kreisen wurde debattiert, ob Marianne Bachmeiers Tat Mord oder Totschlag war. Gesellschaftlich wurde die Frage aufgerollt, ob Selbstjustiz unter diesen Umständen gerechtfertigt sei. Zudem kam es zu einer Reevaluierung des Umgangs der deutschen Justiz mit Sexualstraftätern. Klaus Grabowski war wegen Sexualverbrechen an Kindern vorbestraft, viele geben der Justiz deshalb eine Mitschuld an der Tat.

»Im Lübecker Schwurgerichtssaal hat eine Frau Selbstjustiz geübt und die Todesstrafe vollstreckt und mit dieser Tat männlicher gehandelt als die weiche, die verweichlichte Justiz«, so Monika Köpcke im Deutschlandfunk. Die nationale sowie internationale Presse war von Marianne Bachmeier fasziniert. Sie war eine junge, schöne Frau. Es war Anfang der 1980er-Jahre. Ihr Gesicht mit den hohen Wangenknochen und dem dunklen Pony prangte auf allen Titelblättern, darunter das Wort »Racheengel«. Der Stern widmete Marianne Bachmeier eine ganze Serie, wofür sie 250 000 Mark erhielt, um ihre Gerichtskosten zu decken. Ihre Geschichte wurde nicht nur einmal, sondern zweimal verfilmt. Nach ihrer Tat sammelte ein eigens dafür gegründeter Verein 100 000 Mark, um sie zu unterstützen. Sie war die starke Mutter, die bis in den Tod für ihre Tochter einstand. Ihre Tat schien nachvollziehbar, fast schon heldinnenhaft. Viele Menschen äußerten öffentlich ihr Verständnis für ihre Tat, die als Verzweiflungsakt einer trauernden Mutter gesehen wurde. Verzweiflung, Trauer, aber keine Wut. Die Dichotomie ist widersprüchlich. Zum einen ist die Nation davon fasziniert, dass Marianne Bachmeier die Kontrolle übernahm und selbst über Klaus Grabowskis Schicksal richtete. Das funktionierte aber nur, solange sie als eine gute Mutter erachtet wurde. Wut passt da natürlich nicht hinein. Trauer ist sympathisch, Wut nicht. Affekt ist nachvollziehbar, geplanter Mord ist kalt. Die Perspektive änderte sich, sobald ihr Bild der aufopferungsvollen Mutter sich wandelte und immer mehr Details an die Öffentlichkeit gelangten.

Grabowski hält Anna am Tag der Tat stundenlang in seiner Wohnung gefangen und erwürgt sie schließlich mit einer Strumpfhose. Annas Leiche verscharrt er in einem Karton am Ufer eines Kanals. Nach einem Hinweis von Grabowskis Verlobter wird er am selben Abend verhaftet. Er gesteht den Mord, streitet aber ab, das Mädchen missbraucht zu haben. Gegenüber der Polizei erklärt er, dass Anna versucht hätte, ihn zu erpressen. Sie habe gedroht, ihrer Mutter zu erzählen, er habe sie sexuell belästigt, wenn er ihr kein Geld gebe. Möglicherweise ist es diese Aussage, die Grabowski später den Tod bringt, denn Annas Mutter kränken diese Worte sehr. Sie wird ihre Tat später unter anderem damit begründen, dass sie Grabowski daran hindern wollte, das Ansehen ihrer Tochter zu schädigen: »Ich hörte, er will eine Aussage machen. Ich dachte, jetzt kommt die nächste Lüge über dieses Opfer, das mein Kind war«, erklärt sie später in einem Interview.

Nach ihrer Zeit im Gefängnis zog Marianne Bachmeier ins Ausland. Im Jahr 1996 erkrankte sie unheilbar und kehrte nach Deutschland zurück. Nach ihrem Tod wurde sie an der Seite ihrer Tochter Anna auf dem Lübecker Burgtorfriedhof beerdigt. Ihre Tat hat Marianne Bachmeier nie öffentlich bereut.

Wie wäre Marianne Bachmeiers Schicksal verlaufen, wenn sie einen Migrationsvordergrund gehabt hätte? Wie viel Verständnis ihrer Wut gäbe es in der deutschen Gesellschaft, wenn sie Schwarz oder eine trans Frau gewesen wäre? Frau ist nicht gleich Frau. Wut nicht gleich Wut.

Auch die mütterliche Wut ist eine abgewandelte Form des altruistischen Ärgers. Marianne Bachmeier umgab eine gefährliche Erotik. Sie hatte einen Menschen getötet, aber ihre Rolle als Mutter eingehalten. Die Hauptaufgabe einer Frau im System der *weißen* Männlichkeit. Sie kratzte an dem Status quo, war aber nicht allzu bedrohlich dabei. Wenn die Wut von Frauen als gefährlich wahrgenommen wird, dann müssen Frauen kontrolliert und erobert werden, um die Gefahr zu mindern. Medusa wurde weggesperrt, sobald sie vom Opfer eines sexuellen Übergriffs zu einem unbesiegbaren Schlangenmonster wurde. Sie konnte Männer in den Tod locken, wenn sie es wagten, sie anzuschauen.

»Die Kontrolle von Frauen, und damit die Kontrolle ihrer Wut und ihres gefährlichen Potenzials, manifestiert sich in patriarchalen Normen, Erwartungen, Bestrafungen und Belohnungen«, schreibt Prof. Dr. Cherry. Wütende Frauen werden emotional oder hysterisch genannt, oder es werden Gründe gesucht, weshalb sie wütend sein könnten, die meist nichts mit der Ursache zu tun haben. Zudem gelten Frauen, die den Frieden stören, also kritisch Dinge hinterfragen oder wütend sind, als egoistisch und kompliziert.

Schon einmal durch die Gegend gelaufen und gehört: »Lächle doch mal« oder »Du bist zu hübsch, um so ernst zu schauen«? Medial gibt es für den neutralen Blick einer Frau einen Begriff – das »Resting Bitch Face«, also »Zickiges ruhendes Gesicht«, kurz RBF. Das Konzept wurde erstmals 2013 in einem viralen Video als Scherz popularisiert und nahm Fahrt auf, als Prominente wie die Schauspielerin Anna Kendrick das vermeintliche Leiden beklagten. Im Jahr 2015 erschien in der New York Times ein virales Stück mit dem Titel *I'm Not Mad. That's Just My RBF*. Zu diesem Thema wird inzwischen sogar geforscht, und in der plastischen Chirurgie boomt der Eingriff der sogenannten »Expressionskorrektur«, die Frauen mit einem zu neutralen Gesichtsausdruck zu einem immerwährenden Lächeln verhilft.

Scherze über Resting Bitch Faces oder die Person, die einem auf der Straße zuraunt: »Lächle doch ein wenig!« – beide Konzepte haben denselben Grundgedanken: Wenn eine Frau in der Öffentlichkeit steht, sollte sie sympathisch und angenehm wirken. Und die Öffentlichkeit schließt hier mythologische Texte und historische Lektüren ein.

»Diese Ermahnung verdeutlicht die Unfähigkeit mancher Männer, den Ärger von Frauen zu riskieren, selbst wenn dieser Ärger nicht in die Richtung eines Mannes gerichtet ist«, schreibt Dr. Cherry. Wenn eine Frau in der Öffentlichkeit zum Lächeln aufgefordert wird, ist das Aufruf und Ermahnung an sie, sich zu kontrollieren und zu benehmen, wie es schon in alten Benimmbüchern gefordert wurde. Gleichzeitig tröstet diese Mahnung die sie äußernden Männer, wenn einmal kurz. Anzeichen einer potenziell gefährlichen wütenden Frau aufblitzen.

Medusa repräsentiert eine Frau, die für das Fehlverhalten eines anderen bestraft und für ihre Methoden, sich ihre Macht zurückzuholen, verurteilt wird. Sie ist heute wie damals das Abbild all der Kämpfe, mit denen viele Frauen konfrontiert werden. Wir sind verdammt, wenn wir wütend sind, aber auch verdammt, wenn wir es nicht sind. Und niemand außer uns selbst wird für unsere Probleme einstehen.

Die fehlenden wütenden Frauen in unseren Geschichtsbüchern sind dem geschuldet, dass weibliche Wut schon immer kontrolliert und abgewertet wurde. Gleichzeitig sollten sich Frauen für gesellschaftlichen Wandel aufopfern, aber keinen Wandel für ihre eigene Situation verlangen. Die Frauen der Märzrevolution waren sich dessen bewusst. Marianne Bachmeier auch. Wut als Reaktion auf eine selbst erlebte Ungerechtigkeit ist inakzeptabel. Dementsprechend ist die Wut von Frauen für Frauen in einer männerdominierten Kultur ein radikaler Akt. Sie unterstützt nicht das Patriarchat, sie fordert es sogar heraus.

Zwar haben wir keine Benimmbücher im Sinne des 19. Jahrhunderts mehr, aber wir müssen uns immer noch mit sozialen Normen und den Nachwirkungen des Bürgertums herumschlagen.

»Der ursprünglichste Besitz eines Menschen, der ihm Gleichheit und Würde ermöglicht, ist sein Körper«, schreibt die Historikerin Hedwig Richter. Erst ab 1900 entstand eine neue Vorstellung von der Würde des Frauenkörpers. Häusliche Gewalt wurde problematisiert, über den Paragrafen 218 gestritten sowie Vergewaltigungen in der Ehe als Straftat anerkannt. Der weibliche Körper wird heute juristisch nicht mehr so stark reguliert, aber die herrschenden Schönheitsideale und gesellschaftlichen Strukturen wirken als strukturelles Korrektiv der weiblichen Wut. Wenn weibliche Wut – insbesondere in einem politischen Kontext – Informationen liefern und positive Veränderungen oder politischen Wandel auslösen kann, dann haben wir eine moralische Pflicht, sie als gut und richtig zu bewerten. Doch das ist die Sache mit der Bewertung: Es ist ein Wechselspiel zwischen normativen Setzungen, Alltagspraxis und Macht.

Die ernüchternde Erkenntnis aus der Geschichtsreise lautet: Frauen haben ihre Emotionen schon immer reguliert. Als Schutz, um politisch voranzukommen und in einer männerdominierten Welt anerkannt zu werden. Wir tun es auch weiterhin. Es gibt allerdings Fortschritte: die #MeToo-Bewegung, die Machtstrukturen, die Vergewaltigung begünstigen, kritisiert; Kampagnen gegen verbale sexuelle Belästigung auf der Straße oder die Black-Lives-Matter-Bewegung, die sich gegen körperliche Gewalt gegen Schwarze Menschen einsetzt.

Wir Frauen sitzen in der Paulskirche nicht mehr oben in der Galerie. Trotzdem brauchen wir, wie die Frauenrechtlerinnen in der Märzrevolution, Geduld. Je näher wir einer gleichberechtigten Gesellschaft kommen, desto mehr Sichtbarkeit erhalten Frauen. Es braucht mehr Wut-Vorbilder, die diese Emotion als eine positive Eigenschaft demonstrieren. Dann wäre die Wut von Frauen gesellschaftlich akzeptierter. Und zwar nicht nur in Nuancen, sondern in all ihren wunderbaren Facetten.

EIN GENERATIONENGESPRÄCH ÜBER WUT

Wut ist im Wandel. Durch Begegnungen, Mutterschaft, Großmutterschaft, im Abstand, über Jahre, im Miteinander. Wie verändert sich Wut innerhalb einer Familie? Darüber habe ich mit Claudia, Marie und Nikita gesprochen. Claudia ist 1952 geboren. Sie hat drei Kinder, darunter auch Marie, die 32 Jahre alt ist. Marie ist selbst zweifache Mutter. Beim Gespräch ist ihre 11-jährige Tochter Nikita dabei. Wir haben uns an einem Frühlingsabend über Zoom getroffen. Ihre Namen sind verändert, damit sie offen sprechen, aber ihre Privatsphäre beibehalten können. Wir sprachen natürlich über Wut. Diese hat sich innerhalb der Familie über die drei Generationen verändert. Im Guten sowie im Schlechten.

Wie ist eure Beziehung zu eurer Wut?

Claudia: Ich habe in meinem Leben wenig Wut ausgelebt.

Nikita: Ich fühle mich dabei unwohl. Es gefällt mir einfach nicht, ich werde sauer oder traurig, und ich weiß nicht, wie ich damit umgehen kann.

Wann wart ihr das letzte Mal wütend?

C.: Ich war das letzte Mal wütend, als wir zusammen Auto fuhren. Einer unserer Mitfahrer bedrängte uns mit seiner Wut, seinem Unmut und lautstarken Beleidigungen. Da bin ich das erste Mal so wütend gewesen, dass ich meine Stimme erhoben habe. Das war etwas ganz Besonderes für mich. Ich habe gesagt: Jetzt ist Schluss hier! Hinterher bin ich auch irgendwie stolz gewesen.

Wie hat es sich für dich angefühlt?

C.: Davor hatte ich Herzrasen und war atemlos. Aber als ich dann meinen Mund aufgemacht hatte, ging es mir besser.

N.: Oma, war das für dich eine Erleichterung?

C.: Das war für mich auf jeden Fall eine Erleichterung. Ich war oft in den relevanten Momenten still. Deshalb war dieses Ereignis wichtig. Auch auseinanderzuhalten, dass ich die Person nicht hasse, sondern dass es um diese spezifische Situation geht. Da muss man sich aber auch einen Ruck geben. Es ist mir allerdings sehr nachgegangen. Ich war am Tag danach noch aufgewühlt.

Marie: Ich war auch dabei, habe aber anders reagiert. Ich konnte in dem Moment ruhig bleiben, aber trotzdem meinen Standpunkt vertreten. Ich war sehr stolz auf Mama, dass sie ihre Stimme erhoben hat. Ich würde aber auch nicht sagen, dass es eine richtige oder falsche Art gibt, darauf zu reagieren.

Ihr wart alle drei in dem Auto. Was ist da passiert?

M.: Nikita wurde von ihrem Stiefpapa unfair behandelt. Sie hatte nicht schnell genug reagiert, oder es gab ein Missverständnis. Er wurde unverhältnismäßig wütend und hat sie angeschrien.

C.: Es nahm auch kein Ende.

N.: Für mich war es richtig, richtig doof, ich hatte Angst. Wollte einfach nur, dass es ein Ende hat. Es ist häufig so bei ihm. Er rastet schnell aus. Man kann nicht in Ruhe mit ihm reden. Ich bin da überfordert. Am liebsten würde ich auch wie Oma sagen, dass er aufhören soll. Ich würde gerne ein Machtwort sprechen. So was traue ich mir nicht zu. Aber vielleicht würde er dann merken, dass er aufhören soll? Dass er einfach mal kurz still sein und nachdenken soll, und dann kann man langsam weiterreden.

Wie war es für dich, die Wut von deiner Oma zu sehen?

N.: Ich war erleichtert und glücklich, dass Oma mal was dazu gesagt hat. Ich war auch glücklich, dass jemand überhaupt etwas gesagt hat. Dass ich nicht alleine damit war und dass ich Menschen um mich hatte, die mich beschützen.

Wie hat sich eure Wut im Zuge eurer Mutterschaft verändert, Marie und Claudia? Wie bringt man einem Menschen Wut bei?
(Alle beginnen zu lachen.)

M.: Das ist spannend, vor allem mit meiner Mutter!

C.: Ich habe auch in meinen schlimmsten Lebenssituationen keine Wut verspürt. Alle um mich herum sagten: Du musst doch wütend sein! Zu der Zeit war Marie sechs Jahre alt. Das war während der Trennung von meinem ersten Mann, dem Vater meiner drei Kinder. Er hatte sich ein Doppelleben eingerichtet. Mit einer anderen Frau. Darauf habe ich nie mit Wut reagiert. Am Anfang habe ich Verständnis für ihn entwickelt und seinen Versprechungen geglaubt. Irgendwann haben die Kinder es nicht mehr ausgehalten. Unabhängig voneinander kamen sie einzeln auf mich zu und fragten, ob ich nicht merke, dass der Papa mich nicht mehr liebt. Ich wusste, ich muss mich trennen. Ohne Wutgefühl. Wut ist heute erst in meinen Träumen. Nach so vielen Jahren. Manchmal kommt im Traum meine Stimme kaum heraus. Dann sag ich an meinen Ex-Mann gerichtet: Du bist ein Lügner!

Das heißt, heute träumst du von dem, was vor dreißig Jahren passiert ist?

C.: Ja. Im Traum bin ich so wütend, wie ich in der Realität nie war. Es scheint mich weiterhin zu belasten. Dann denke ich, meine Güte, ich möchte so gerne davon loslassen! Wir sind seit 1995 geschieden, aber wir sind gute Freunde. In der Realität würde man nicht denken, was ich träume. Wenn wir uns begegnen, bin ich nicht so, dass man denkt: »Oh, die hat aber noch eine Riesenwut auf den.« Ich glaube, ich bin da irgendwie sehr speziell.

Warum denkst du das?

C.: Ich habe dieses starke Bedürfnis, Frieden zu stiften. Manchmal setze ich mich damit unter Druck und nehme meine Gefühle nicht wirklich wahr. Die bemerke ich oft erst Jahre später. Wie mit der Trennung damals. Ich wollte nicht, dass unsere neue Situation auf Hass aufbaut oder auf versteckte Vorwürfe, aber ich glaube, dass meine Seele da erst später hingefunden hat. Diese Träume sagen mir etwas. Dass ich da ankommen möchte und dieses Rückgrat haben will. Dass ich zeigen möchte, wenn mir etwas nicht gefällt, nicht passt oder ich Zweifel an etwas habe oder wütend bin.

Bei wem kannst du wütend sein?

(Claudia schaut zu Marie. Sie blicken sich an und lächeln.)

C.: Bei Marie kann ich wütend sein. Bei ihrem Mann kann ich es auch. Wir können uns auch hinterher wieder die Hand geben, was sehr wichtig ist.

N.: Bei mir bist du nie wütend. Was klar ist, weil ich bin ja immer so toll!

(Alle lachen.)

C.: Ich würde sagen, dass ich gelassener geworden bin. Heute richte ich die Wut nicht mehr gegen mich selbst und zeige Kontur, wenn ich denke, dass es notwendig ist.

Warum kannst du nun Grenzen setzen?

C.: Es ist mir nachgegangen, das ich meinen Kindern keinen Schutz geboten habe, als sie es brauchten. Deswegen hatte ich sehr lange Schuldgefühle. Die konnte ich jetzt ablegen, aber erst nach Jahrzehnten.

Wie nimmt dein Umfeld es auf, dass du deine Wut nun ausdrückst?

C.: Marie war superstolz auf mich. Ich habe sehr viel Zustimmung bekommen. Es gibt jetzt auch Kleinigkeiten, zu denen ich meine Meinung sage, dann sagt sie manchmal: So zickig musst du jetzt auch nicht sein! Ich habe vielleicht noch Schwierigkeiten, den richtigen Ton zu finden.

Wie war es um deine Wut bestellt, bevor du Mutter wurdest?

C.: Schwierige Frage. Ich glaube, dass ich durch meine Lebensgeschichte keine Wut ausleben konnte. Schon mit drei Jahren ging es los. Meine Mutter hatte ein weiteres Kind bekommen, und vierzehn Tage später ist mein Vater verstorben. Ich spürte, dass meine Mutter keine Kraft hatte. Das läuft ja alles unbewusst ab, aber ich wollte ihr nicht zur Last fallen. Deshalb bin ich einfach, fröhlich und lieb gewesen. Ich kann mich erinnern, dass ich verzweifelt wütend war, als mein Vater starb. Aber wo gehst du damit hin als Kind?

N.: Ich geh zu Mama.

C.: Es war eine Konditionierung, die unser aller Familienleben mitgestaltet hat. Das hat sich leider auch auf meine Kinder übertragen. Marie wollte mir in der Zeit, wo ihr Papa uns verlassen hat, auch nicht zur Last fallen. Nicht durch Wut, nicht dadurch, Extraplatz einzunehmen oder mich traurig zu machen.

M. (zu C.): Waren deine Brüder wütend? Durften die wütend sein?

C.: Der Ältere nicht. Aber der Jüngere, der hatte ein Temperament! Der war viel wütend, darunter habe ich auch gelitten. Der hat mich drangsaliert. Ich war das mittlere Kind, meine Mutter war mit uns komplett überfordert. Es fiel natürlich auf sie zurück, wenn er sich danebenbenahm

Machte es einen Unterschied, dass er ein Junge war?

C.: Nein. Er hatte ein anderes Temperament. Ich war ein fröhliches Kind. Ich war ein Sonnenschein. Ein Stück davon war meine Natur, aber hatte natürlich damit zu tun, dass ich zur guten Stimmung beitragen wollte. Mein Bruder hatte einfach ein anderes Temperament. Und bestimmt nicht nur, weil er ein Junge war.

Wie hat sich das später mit Marie entwickelt?

C.: Sie war ein Sonnenschein. Ich habe sie nie als Belastung empfunden. Irgendwie war alles schön, und ich freute mich immer, wenn sie wach wurde. In meiner Erinnerung gibt es keine Phase, wo ich mich ihr gegenüber ohnmächtig gefühlt habe. Das ist heute erst so. Bezogen auf damals. Heute weiß ich, dass sie bestimmte Ängste und Nöte für sich behalten hat, weil sie mich nicht damit belasten wollte.

M.: Eigentlich habe ich das Gleiche gemacht wie Mama. Ich war das dritte Kind, meine Geschwister waren beide schwierig. Als kleines Kind, also zwischen sechs und zwölf, war mir das nicht so bewusst, aber jetzt im Nachhinein würde ich sagen: Ich habe einfach versucht zu funktionieren. Ich habe die Liebe meiner Mutter gespürt. Ich habe aber auch ihre Verzweiflung gespürt. Ich konnte Menschen glücklich machen, indem ich in die Rolle der Friedensstifterin schlüpfte, weil ich lieb und fröhlich war. Und es wurde mir oft gespiegelt, wie toll es sei, dass ich so freundlich und ruhig sei. Erst als ich anfing, mich mit mir selbst zu beschäftigen und Dinge zu verarbeiten, erst da wurde ich wütend. Das fing mit achtzehn Jahren an. Mit neunzehn bin ich dann weggezogen. Dann hatte ich den nötigen Abstand.

Warum warst du wütend?

M.: Ich habe da erst gespürt, wie viel ich runtergeschluckt habe. Dann habe ich mir meinen Raum erkämpft. Ich war traurig und auch wütend, und das habe ich Mama auch gesagt.

Nach der Schule bin ich dann nach Berlin gezogen, hier hatte ich das erste Mal wirklich Raum für mich. Da habe ich verstanden, dass ich unglaublich wütend auf meinen Vater war. Weil ich mich von ihm nie so geliebt gefühlt habe, wie ich dachte, dass man ein Kind lieben muss. Ich hatte immer das Gefühl, ich muss ihm beweisen, dass ich liebenswert bin. Wut und Trauer sind für mich ganz nah beieinander. Wut hilft mir, meine Traurigkeit verarbeiten zu können.

Und was sagst du jetzt? Hast du jetzt eine gute Beziehung zu dir und deiner Wut?

M.: Ja! Ich kann jetzt richtig wütend sein.

C.: Das kann ich bestätigen.

N.: Ich auch! Wenn meine Mama wütend ist, ist es nicht zu viel. Es ist gut, so wie es ist. Sie kann mit Wut besser umgehen als viele andere Leute, die ich kenne. Das finde ich einfach schön. Es ist auch schön, mit ihr zu sein, weil man keine Angst spürt oder aufpassen muss, wie man mit ihr umgeht, dass eine bestimmte Situation nicht eskaliert.

M.: Ich kann gut bei mir sein, und ich versuche, wertfrei dabei zu bleiben. Meine Grenzen kann ich gut zeigen und abstecken. Ich kann auch gut sagen: Ich bin jetzt wütend und brauche Zeit für mich.

Ist Wut wichtig für euren Alltag?

M.: Ja.

N.: Ja.

C.: Nein.

M.: Was?

Warum ja, warum nein?

N.: Für mich ist es wichtig, dass man auch Personen oder sich selber zeigen kann, wenn es einfach mal zu viel ist. Dass es nicht geht. Man kann auch mal wütend werden, finde ich. Allgemein ist es wichtig, die eigenen Gefühle zu zeigen. Man sollte sie nicht verstecken. Selbst wenn es vielleicht ein bisschen zu viel ist. Das finde ich schon wichtig.

C.: Nein. Ich hab jetzt an meinen Alltag gedacht. Da ist nicht jeden Tag Wut enthalten. Ich muss einen Grund haben, um wütend zu sein.

M.: Mir ist Wut sehr wichtig. Gerade als Mutter. Als gutes Beispiel für meine Kinder. Ich finde Wut ganz wichtig, um sich selber schützen zu können.

Ist das auch eine Generationsfrage? War es früher einfach unüblich, als Frau Wut auszudrücken?

C.: Ja, das glaube ich.

M.: Das glaube ich auch.

C.: Ich bin 1952 geboren. Der Krieg war 46 zu Ende. Es war diese angepasste Aufbauzeit. Gehorsam spielte eine große Rolle in der Schule. Sich in irgendeiner Art und Weise zu äußern, das haben nur wirklich rebellische oder ganz besondere Kinder gemacht. In anderen Familien ging es ein bisschen rauer zu, da gab es mehr Auseinandersetzung. Das war bei uns schon besonders, weil wir Rücksicht auf meine Mutter nahmen.

Was genau gefällt dir an Maries Umgang mit ihrer Wut?

C.: Diese Authentizität. Ich bin manchmal auch erschrocken. Ich beobachte das und denke: Wow, die kann richtig einen rauslassen. Ich finde das gesund.

Wie ist es bei Nikita?

C.: Sie lässt ihre Wut nicht so oft raus, wie sie möchte.

M.: Genau. Nikita kann wütend sein. Sie lässt nicht so viel Wut raus, wie sie könnte, und schluckt auch einiges herunter.

N.: Wenn ich ehrlich bin, habe ich mehr Trauer als Wut, ich kann nicht so richtig wütend sein. Manchmal bin ich wütend auf meinen Bruder, aber ich bin eher ein trauriger Mensch.

M.: Für ihr Alter ist Nikita sehr reflektiert. Wir sind über ihre Trauer oft im Austausch. Und ich weiß, dass sie wütend sein kann. Irgendwann wird es sich schon vermischen, hoffe ich.

Nikita, kannst du dich trotzdem an eine Situation erinnern, in der du wütend warst?

N.: Ja, da ging es um meinen leiblichen Vater. Er hatte mir oft schlimme und gemeine Nachrichten geschrieben. Einmal habe ich eine Nachricht von ihm gelesen, und da stand eine Beleidigung drin. Mich hat das richtig sauer gemacht. Letztens hat er mir geschrieben, dass Mama an allem schuld ist und er hätte alles gut gemacht. Direkt danach hat er mich blockiert. Es hat mich so sauer gemacht. Ich wollte das sofort richtigstellen, aber da hatte er mich schon blockiert.

Seid ihr auch aufeinander wütend?

M.: Klar! Ich bin auch mal wütend auf Nikita, wenn ich dreimal gesagt habe, dass sie ihre Wäsche wegräumen soll, und sie macht es nicht.

N.: Ja, aber abgesehen von der Wäsche gab es noch keinen Moment, wo wir so richtig sauer aufeinander waren.

M.: Ich bin schon ausgerastet. Es gab Momente, wo ich unfair oder zu wütend war. Dann hab ich mich danach bei Nikita entschuldigt. Wenn ich mich beruhige und merke, das war überhaupt nicht verhältnismäßig oder förderlich, entschuldige ich mich. Ich will Nikita nicht einschüchtern. Ich finde, es ist sehr wichtig, sich zu entschuldigen, wenn man einen Fehler gemacht hat.

Was würdet ihr euch gegenseitig in Bezug auf eure Wut wünschen?

M.: Ich würde mir für meine Mama wünschen, das sie sich traut, wütender und nicht so angepasst zu sein. Für Nikita wünsche ich mir, dass sie den Mut und die Sicherheit hat, ihre Wut auszudrücken. Ich möchte ihr die Sicherheit mitgeben, dass sie bedingungslos geliebt wird und sie sich selbst treu sein kann.

N.: Ich finde es gut, wie ich wütend bin. Ich habe genug Wut. Für Oma wünsche ich mir, dass sie sich stärker fühlen kann und Sachen anspricht, wenn ihr etwas nicht gefällt.

C.: Ich möchte gerne Schärfe zeigen, ohne Angst zu haben, an Anerkennung oder an Liebe zu verlieren. Wütend zu sein, soll für mich wie Atmen werden. Man kann sich hinterher immer noch entschuldigen.

Was unterscheidet euch von Marie und davon, dass sie ihre Wut so gut zeigen kann?

M.: Ich konnte Mamas Entwicklung mit beobachten. Dadurch kam ich zu dem Schluss, dass ich mich schützen möchte. Dass ich etwas anders machen muss, weil ich sehe, dass wir uns sehr ähnlich sind und sehr ähnlich fühlen. Wut ist für mich die Fähigkeit, mich zu schützen. Und meine Wut hat sich verändert, als ich Mutter wurde. Für meine Kinder kann ich noch mal anders wütend werden. Nach der Geburt von Nikita wurde in mir auch noch ein größerer Kampfgeist geweckt. Ich will für meine Kinder kämpfen, aber auch für mich, ich will für meine Kinder stark sein. So bin ich ein Vorbild für meine Kinder und ihr Schutz. Da bin ich mutiger geworden. Auch lauter.

C.: Ich kann mich nicht mehr daran erinnern. Als ich Mutter wurde, stand für mich im Vordergrund, meine Kinder zu schützen. Wenn meine drei Kinder mir später mal erzählt haben, wie sie Dinge oder Phasen im Leben empfunden haben, dann war der Tenor, sie wussten immer, dass ich sie liebe, bedingungslos, aber sie fühlten sich trotzdem alleingelassen. Ich hätte sie eben mehr schützen müssen und ihnen besser beibringen müssen, Wut zuzulassen und auszudrücken.

M.: Aber du wusstest es doch auch gar nicht besser. Du hattest die richtigen Ziele. Nur hast du die richtige Umsetzung nie beigebracht bekommen. Du hast immer versucht, uns zu schützen, aber auf eine andere Art und Weise. Das hast du mit viel Liebe gemacht. Und meine Schwester kann immerhin auch wütend sein.

C.: Stimmt!

M.: Meine Mutter hat es uns vielleicht nicht vorgelebt, aber wir haben es trotzdem geschafft, wütend zu sein. Oder wütend zu werden.

DIE VIELEN FORMEN DER WUT
Mensch, jetzt ärgere dich!

An einem warmen Abend in Los Angeles war Whitney zu einem Abendessen mit Freund:innen eingeladen. Dort lernte die damals 22-jährige einen Mann namens Sean Rad kennen. Er erzählte ihr von einem Projekt, das er leitete. Es handelte sich um Cardify, ein Kundenservice-Start-up. Rad bot Whitney einen Job an. Sie willigte ein. Kurze Zeit später begann das Team an anderen Projekten zu arbeiten. Sie entdeckten eine Idee. Schnell realisierten sie, dass ihre Entdeckung Potenzial hatte. Sie gründeten ein Unternehmen. Whitney wurde zur Co-Gründerin, gab der Idee einen Namen und leitete das Marketing. Ihr direkter Manager war Justin. Die beiden verstanden sich gut, und aus ihnen wurde ein Paar. Ihre Beziehung endete, als Justin laut Whitney begann, sie verbal zu kontrollieren und zu beleidigen. Im Juni 2014 verklagte Whitney das Unternehmen wegen sexueller Belästigung und Geschlechterdiskriminierung. Sie erklärte, dass Justin und ihr ehemaliger Boss sie in Meetings als »Hure« und »Goldgräberin« bezeichneten und sie mit bedrohlichen und abfälligen Textnachrichten bombardierten. Sie warf dem Geschäftsführer vor, ihre Beschwerden als »dramatisch« abgetan zu haben und dass ihre männlichen Kollegen ihr den Gründerinnentitel aberkannt hätten, weil eine Frau im Gründungsteam »das Unternehmen wie einen Witz erscheinen lassen würde«. Der Fall wurde außergerichtlich beigelegt.

In den Monaten zwischen der Klage und der Einigung erlebte Whitney etwas, das Frauen, die öffentliche Vorwürfe wegen sexueller Belästigung erheben, allzu vertraut ist.

»Mir wurden die hässlichsten Dinge von völlig Fremden gesagt«, erklärte Whitney später. »Ich habe nicht für ein Amt kandidiert. Ich habe nicht versucht, in einer Realityshow aufzutreten. Ich war nur ein Mädchen, das irgendwo abgehauen ist.« Als die Beschimpfungen in Vergewaltigungs- und Morddrohungen von Fremden umschlugen, löschte sie ihr Twitter-Konto. Sie zog sich zurück. Whitney wurde als die wütende Ex-Freundin abgestempelt. Whitney Wolfe Herd ist heute Gründerin und CEO der Dating-App Bumble. Das Unternehmen, das sie verließ, heißt Tinder. Wolfe Herd ist mit 31 Jahren Milliardärin. Mit der Unterstützung von Andrey Andreev entwickelte sie im Jahr 2014 nach der Klage eine Dating-App mit dem Ziel, einen komfortablen und ermächtigenden Online-Dating-Raum für Frauen zu schaffen. Auf Bumble haben Frauen die Kontrolle über den Erstkontakt. Von Personen, die sie nicht angeschrieben haben, können sie nicht kontaktiert werden. Das Unternehmen ist vor Kurzem an die Börse gegangen und wird mit rund 8,2 Milliarden Dollar bewertet. Whitney Wolfe Herd soll wohl selbst 1,5 Milliarden Dollar besitzen.

Statt von der Tellerwäscherin zur Millionärin ging es für Whitney Wolfe Herd aus der misogynen Start-up-Bubble zur Milliardärin. Ihre Biografie und Netzwerke boten ihr die nötigen Puzzleteile, um ihre Rache zu vervollständigen: eine Datingplattform zu schaffen, die Frauen einen gewissen Schutz bot. Ihre Geschichte handelt von der Transformation aus der wütenden Frau, die »übertreibt« und dafür abgestraft wird, zur kalkulierten wütenden Frau, die ihre Erlebnisse für eine kathartische Lösung nutzt und eine der reichsten Selfmademilliardärinnen der Welt wurde. Sie gründet ihr eigenes Unternehmen, um mehr Macht zu haben, ihr eigenes Narrativ selbst zu bestimmen sowie das von vielen anderen Frauen. Whitney Wolfe Herd hat das Bild der wütenden Ex-Freundin zur zentralen Gründungsgeschichte ihres Unternehmens evolutioniert. Sie hat sich nicht nur gegen die sexistischen Start-up-Strukturen gestellt, sie hat ihre eigenen Strukturen aufgebaut. Wut muss keine zerstörerische Energie sein, aus ihr kann etwas Neues entstehen.

»Erzählt mir eure besten Wutmomente, vor allem die, in denen euch diese Emotion wie ein Motor Kraft gab«, diese Aufforderung teilte ich in einem beruflichen Netzwerk. Ich war auf der Suche nach Inspiration, realen Geschichten und vor allem Wut-Vorbilderinnen, die Kraft spenden. Die Antworten variierten, doch über eine Resonanz ärgerte ich mich: »Eine Minute Wut schwächt das Immunsystem für vier bis fünf Stunden. Wo hingegen eine Minute Lachen es über 24 Stunden stärkt. Fazit: Mich bringt Wut gar nicht voran. Ich nehme sie wahr und lächle ihr zu. :)«

Die Urheberin dieses Gedankens impliziert, dass Wut eine Wahl sei. Als wäre diese Emotion wie mit einen Knopf an- und ausschaltbar.

> »Ärger gehört unabdingbar zum Menschsein dazu«, sagt die Psychologin und Psychotherapeutin Dr. Verena Kast. »Der Ärger energetisiert uns und macht uns mehr oder weniger dringlich darauf aufmerksam, dass etwas in unse-

rer Selbstentfaltung oder in unserer Selbsterhaltung in Beziehung zu anderen Menschen und zur Welt nicht mehr stimmt.«

Wut hat einen schlechten Ruf. Allein das Wort ruft schon Unbehagen in vielen meiner Gesprächspartnerinnen hervor. Dabei ist sie überall. Im Beruf, im Privaten, auf Dates, in der Familie, in Partner:innenschaften, in der Erziehung, Kunst, Kultur, im Miteinander und in uns selbst. Ob man Wut nun gut oder mäßig findet, ist irrelevant, denn sie ist ein Teil von uns.

Ein impulsiver Mensch wird schneller aus der Haut fahren als ein introvertierter.

> »Meine Wut fühlt sich an wie eine geballte Ladung zornvoller, innerer Druck. Sie bringt meine Votze zum Pochen und schnürt mir den Hals zu«, so die Sprach-, Gender-, Islam- sowie Rassismusforscherin und ehemalige Rapperin Dr. Reyhan Şahin aka Lady Bitch Ray. »Wenn sie stärker wird – und dies kommt nicht selten vor –, muss ich ihr zügig einen geeigneten Raum geben, in Form von Kunst, Rap oder des Schreibens, sonst richtet sie sich nach innen. Meine Wut könnte sogar eine Depression in mir auslösen, wenn ich sie nicht regelmäßig rauslasse. Nicht umsonst heißt es, ›Depressionen sind nach innen gerichtete Aggressionen‹.«

Wut ist universal, doch verschiedene Menschen empfinden sie in unterschiedlichen Momenten. Während eine Person an die Decke geht, sobald ihr Gegenüber laut schlürft, ist eine andere über eine Woche wütend, weil die Lieblingsmannschaft verloren hat. Es gibt auch verdammt ernste Gründe für Wut, wie Rassismus, Sexismus, Queerfeindlichkeit oder Umweltverschmutzung. Wut entsteht nicht in einem Vakuum. Sie kann gemeinsam mit anderen Emotionen, wie zum Beispiel Trauer, erscheinen. Wir erleben diese Emotion in schönen Momenten. Auf dem Weg zum heiß ersehnten Urlaub, wenn sich der Flug verspätet oder ausfällt. Sie ist aber vor allem in unseren schlimmsten Augenblicken dabei. Wenn wir einen wichtigen Menschen verlieren oder etwas ernstlich nicht in Resonanz zu uns geht. Wut ist wie die nervige Cousine, die immer dann aufkreuzt, wenn sie nicht wirklich erwünscht ist.

Der Wutforscher Dr. Ryan Martin von der University of Wisconsin-Green Bay erklärt, dass es nicht nur o. k. ist, wütend zu sein. Es ist sogar richtig. Angst warnt uns vor Gefahr und Wut vor Ungerechtigkeiten. Dein Gehirn zeigt so: Es reicht. Martins erklärt, dass unsere Vorfahren diese Emotion gebraucht haben. Sie diente als Schutz. Heute ist es nicht unbedingt die beste Lösung, einer Person, die uns provoziert, mit einer Keule auf den Kopf zu hauen. Inzwischen können wir aber unsere Emotionen regulieren. Damit meine ich nicht, sie zu unterdrücken, sondern ganz im Gegenteil, sie zu nutzen. Ohne meine Wut hätte ich das *RosaMag* niemals gegründet.

Ich bin Journalistin. Ein Blick in die Redaktionen, zeigt, dass es in der deutschen Medienbranche einen Prototypen gibt: *weiß*, akademisch, heterosexuell cis, nicht behindert, männlich. Obwohl jede:r vierte Deutsche eine Migrationsgeschichte hat, spiegelt sich das im betrieblichen Alltag nicht wider. Sechs Prozent der Chefredakteur:innen haben eine Migrationsgeschichte. Diskriminierte Gruppen sind darunter überhaupt nicht vertreten. Keine:r stammt aus den drei größten Einwanderungsgruppen – der türkischen, polnischen oder russischen. Ganz zu schweigen von einer Schwarzen Chefredakteurin oder einem Chefredakteur aus einer muslimischen

Familie. Allein der Begriff »Migrationshintergrund« ärgert mich. Nur in Deutschland wird vehement auf einem ursprünglichen Herkunftsland bestanden. Auch nach Generationen gelten Personen mit einer Einwanderungsgeschichte oft nicht als deutsch. Daher die Betonung auf »Migrationshintergrund«. Medien ordnen Geschehnisse in unserer Welt ein, damit wir uns als Bürger:innen eine Meinung formen können. Doch diese Meinung wird von einer ziemlich homogenen Gruppe beschrieben. Selbst in Stücken, wo über Menschen mit Einwanderungsgeschichte berichtet wird, kommen sie selbst kaum zu Wort. In nur 12,3 Prozent der TV- und Zeitungsberichte über Eingewanderte kommen die Personen im O-Ton vor. In Deutschland gibt es ein Magazin für UFOs, zwei für Weihnachtsbäume und das *MEAT*, ein Magazin einzig für Fleischliebhaber:innen. Bis 2017 existierte kein Medium für Schwarze Menschen in Deutschland.

An einem Sommerabend realisierte ich, dass ich meine gesamte publizistische Karriere für Menschen schrieb, dachte und arbeitete, die weder so aussahen wie ich noch ein Interesse daran hatten, etwas über Schwarze Menschen zu erfahren. Immer wieder fantasierte ich, wie es wohl wäre, ein Medium nur für Schwarze FLINTA* – Frauen, Lesben, intergeschlechtliche sowie nichtbinäre und trans oder agender Personen – zu gestalten. Einen Ort zu kreieren, wo wir unsere Geschichten erzählen können. Mir fehlte der Mut.

Nach der Bundestagswahl 2017 zog die Alternative für Deutschland mit 12,6 Prozent der Stimmen in den 19. Deutschen Bundestag. Das änderte vieles. NSU, Halle, Hanau. Es ist mehr als offensichtlich, dass Rassismus in Deutschland stärker wird. Ich bin wütend. Darüber, dass nur 75 Jahre nach dem Ende der Naziherrschaft in Deutschland eine Partei, die vom

Bundesamt für Verfassungsschutz wegen Rechtsextremismus beobachtet wird, im Bundestag sitzt. Und der Verfassungsschutz selbst ist noch einmal ein ganz anderes Thema.

In dieser Gesellschaft also, in der UFOs, Bäume und selbst totes Fleisch relevanter sind als Schwarze Menschen, realisierte ich, dass niemand eine Lösung schaffte, es sei denn, ich würde es selber machen. Am 20. Januar 2019 schaltete ich *RosaMag* online.

Wut war und ist weiterhin mein Motivator. Unser Diskurs über Wut fokussiert sich darauf, wie wir diese Emotion effektiv verhindern können. Ruhig, entspannt, sympathisch und lieb bleiben. Das suggeriert, dass Wut etwas Schlechtes ist. Dabei kann diese Emotion ein Antrieb sein. Wenn ich durstig bin, trinke ich ein Glas Wasser. Bei Hunger esse ich, und Wut motiviert mich, auf ungerechte Dinge zu reagieren.

»Kennst du dieses Gefühl im Hinterkopf? Du spürst etwas, aber du kannst es noch nicht so recht benennen«, sagt Monika Odum. Sie ist 51 Jahre alt und seit über 33 Jahren Krankenschwester. Für das *RosaMag* schreibt sie Texte wie *Ich bin nicht eure soziokulturelle Reinigungskraft*, worin sie die langjährigen Erfahrungen in ihrem Berufsfeld verarbeitet. »Du weißt um den Pflegenotstand, und du kennst ihn. Aber bis ich sagen konnte, dass ich ein systemisches Problem nicht alleine lösen kann und ich diese Herausforderung nicht zu meiner machen muss, hat es gedauert.« Es fehlen aktuell 120 000 zusätzliche Vollzeitstellen in deutschen Pflegeheimen. Nötig seien Milliardeninvestitionen, aber auch der Ausbau von Ausbildungskapazitäten sowie Anreize, um den Beruf attraktiver zu machen. In Krankenhäusern ist die Fluktuation unter jungen Pflegekräften hoch. Hauptursache ist die Arbeitsverdichtung. Sprich, das

Pflegepersonal muss mehr und mehr arbeiten. Die Coronapandemie verschlimmerte die Lage zusätzlich. »Ich fühlte die ganze Zeit eine Mischung aus Verzweiflung, Verbitterung, Resignation und Wut«, so Monika Odum.

Wut hat Nuancen, Facetten, Gradierungen, sie ist nicht weiß oder schwarz, auch nicht karminrot oder blassrosa. Sie kann gigantisch sein, aber auch funkelnd klein. Die eigene Wut zu kanalisieren, bedeutet nicht automatisch, ein eigenes Unternehmen zu gründen. Sie kann auch dazu dienen, sich selbst mental abzugrenzen. Monika Odum liebt ihren Job, aber nicht die Umstände und Bedingungen, die damit einhergehen. Sie geht jetzt aktivistisch dagegen vor. Trotzdem arbeitet sie weiterhin in dem Feld und musste lernen, sich nicht zwischen diesen beiden Polen zu verlieren.

Auch Daniela Mroß fühlte eine konstante Wut in ihrem Beruf als Erzieherin: »Manchmal weiß ich gar nicht, was mich genau wütend macht oder warum ich mich dazu entschlossen hatte, den Job zu wechseln.« Daniela war über fünf Jahre als pädagogische Mitarbeiterin an einer Berliner Schule tätig.

»Ich hatte eine schlimme Phase auf der Arbeit, wo ich die ganze Zeit schlechte Laune hatte. Ich war unzufrieden und wütend und wusste nicht, wieso. Bis ich die Reißleine zog und wechselte.« Die Wut war so lange da, bis Daniela Mroß ihre Situation änderte. Davor hielt sie sich immer wieder vor Augen, wie viel Glück sie doch hätte, dass sie sich über diesen tollen und sicheren Job freuen sollte. Gleichzeitig trieb sie das Gefühl um zu stagnieren. Es gab keine Weiterentwicklungsmöglichkeiten, viele Überstunden, sie verdiente wenig Geld und hatte kaum Perspektiven. Der Verdienstunterschied zwischen Pädagog:innen und den Lehrer:innen ist groß. Letztere verdienen fast das Doppelte. Jeden Monat. Ihr Leben lang. Die eine Gruppe hat studiert, die andere eine Ausbildung absolviert. Unser Bildungssystem legitimiert diese ungleiche Verschiebung. Das macht wütend. Sozialer Aufstieg ist in Deutschland weiterhin ein Märchen. Die Untersuchung *Vielfalt der Datenlage zum Bildungsaufstieg in Deutschland* vom Deutschen Bundestag kam zu dem Ergebnis, dass nur zwei Prozent der Studierenden aus Elternhäusern mit niedrigem Bildungshintergrund stammen, mehr als zwei Drittel aller Studierenden haben ein hochschulgebildetes Elternteil, und rund 30 Prozent der Eltern haben einen mittleren Bildungshintergrund. Das Resümee lautet, dass Deutschland im europäischen Vergleich bildungsferne Schichten mit am schlechtesten an Hochschulbildung beteiligt. »Ein Teil meiner Frustration in der Schule, neben einigen anderen, war die ungleiche Behandlung von Lehrer:innen und Erzieher:innen«, sagt Daniela Mroß. Sie kündigte und wechselte die Arbeitsstelle.

Sich ungerecht behandelt zu fühlen, ist mit der am häufigsten genannte Grund, warum Frauen wütend werden. Doch was bedeutet das genau?

Eines der am häufigsten gewählten Symbole für Gerechtigkeit ist die Waage. Gerechtigkeit ist eine Balance. Ungerechtigkeit eine Verschiebung. Platon deklarierte, dass Gerechtigkeit dafür sorge, dass jeder seinen Anteil, seinen Platz, seine Aufgaben bekomme und so die hierarchische Harmonie des Ganzen bewahrt werde. Die traurige Wahrheit hierbei ist, dass in der damaligen griechischen Antike Frauen zu den »Nichtbürgern« gehörten. Sie durften nicht wählen, mitdiskutieren, erben, besitzen, auf Feste gehen oder Piep machen. Hinzu kommt, dass jede Form von Arbeit durch versklavte Menschen verrichtet wurde. Die Sklaverei bildete ein wesentliches Element der Wirtschaft und der Gesellschaft im antiken Griechenland. Für die Griech:innen war das Besitzen von versklavten Menschen eine selbstverständliche, natürliche und unabdingbare Einrichtung. Für die Bürger, zu denen Frauen, Fremde oder versklavte Menschen nicht zählten, galt nur die Politik als würdige Beschäftigung. Gerechtigkeit, wie die antiken Griechen sie diskutierten, wurde nur für eine ausgewählte Gruppe gedacht. Reiche, akademische, *weiße* Männer. Diese Gerechtigkeit galt nicht für Frauen, und für viele weitere Gruppen auch nicht. Klingt eigentlich wie heute. Die Griechen plädierten für eine Gleichheit unter Gleichen und lebten eine Gleichheit unter Ungleichen. Was hat Gerechtigkeit mit der Wut von Frauen zu tun? Frauen und ihr Umgang mit ihrer Wut sind sehr unterschiedlich. So auch das individuelle Gerechtigkeitsempfinden.

Ein Grund, warum manche Frauen einen guten Zugang zu ihrer Wut haben, ist ihr Selbstwert. Das spiegelt sich in ihrem auf sich selbst bezogenen Gerechtigkeitsempfinden wider. Dr. Kast ist überzeugt, dass das persönliche Gerechtigkeitsempfinden abhängig davon ist, welche Bedeutung das Ich im Kontext zum Umfeld hat. Das können andere Personen sein oder ein größeres Wir, sprich die Gesellschaft, in der man lebt. Wenn ich mich als bedeutend empfinde, dann ist es für mich logisch, dass ich alles in unserer Gesellschaft erhalte. Dann ist es auch o. k., dass andere zu kurz kommen. Ich bin ja wichtig. Sollte ich hingegen mich selbst nicht so hochhalten, ist es in Ordnung, dass Menschen, die bedeutsamer sind, um mich herum alles absahnen und ich übergangen werde.

»Unsere Erfahrung mit Gerechtigkeit ist abhängig von unserem Selbstkonzept«, sagt Dr. Kast. Gerechtigkeitsempfinden ist immer auch durch die eigene Geschichte beeinflusst.

Die Frage nach dem eigenen Gerechtigkeitsempfinden mit Blick auf die Sozialisierung ist ziemlich interessant. Wenn man über Jahre hinweg lernt, nicht auf sich selbst, sondern auf andere Menschen zu achten, aber das einem angetane Unrecht der Auslöser für Wut ist, wie lernt man dann, für die eigenen Belange einzustehen? Die Aussage, dass einige Frauen keine Wut empfinden, kann eventuell damit zusammenhängen, dass sie eine ungerechte Behandlung gegen sich selbst als nicht so schlimm empfinden, weil ihr Gerechtigkeitssinn für ihr eigenes Ich nur schwach ausgeprägt ist. Je weniger ich mir selbst wert bin, desto eher lass ich auf mir herumtrampeln. Die normative Setzung, dass eine Frau aufopfernd, empathisch und für andere da sein soll, erschwert es, ein individuelles Gerechtigkeitsempfinden für sich selbst zu entwickeln. Großartige Frauen mit tollen Kompetenzen zögern oft, sich selbst in den Mittelpunkt zu stellen. Während manchmal mäßig versierte Männer vor Selbstbewusstsein strotzend nach den Sternen greifen.

Frauen schätzen sich weniger positiv ein als Männer. Das bestätigt sich in unzähligen Studien und im Alltag in Fragen wie: Bin ich genug? Ab dem 40. Lebensjahr erst gleicht sich das Selbstbewusstsein der Geschlechter an. Wobei Selbstbewusstsein und Selbstwert nicht dasselbe ist. Eine selbstbewusste Person zu sein, bedeutet, seine eigenen Stärken, Fähigkeiten und auch Macken zu kennen. Selbstwertgefühl bedeutet, um den eigenen Wert zu wissen.

Wenn wir lernen, dass wir als Frauen gar nicht so bedeutend sind, kann ich dann überhaupt Wut über Ungerechtigkeiten entwickeln, die uns aufgrund unseres Frauseins betreffen? Es gibt keine universelle Antwort auf die Frage. Natürlich spielen Faktoren wie die eigene Persönlichkeit, die Erziehungsmethode oder das soziale Umfeld eine Rolle. Lange existierte die Vorstellung, dass die Arbeit von Männern bedeutsamer sei als die von Frauen. Branchen wie die Pflege, der pädagogische Bereich sowie der Einzelhandel sind keine gesellschaftlich angesehenen Industrien. Zwar handelt es sich um systemrelevante Berufe. Das ändert jedoch nichts an ihrem gesellschaftlichen Stellenwert oder den Konditionen.

Zusätzlich wird der Schmerz von Frauen häufig nicht ernst genommen. Viele Frauen glauben zum Beispiel, dass selbst die stärksten Regelschmerzen normal seien und zur Regelblutung dazugehörten. Katharina Braun wurde von diversen Ärzt:innen erklärt, dass sie sich bei so ein bisschen Schmerz nicht so haben solle. Über vier Jahre ging sie zu unterschiedlichen Mediziner:innen, die ihr nicht glaubten. Auch in ihrem beruflichen sowie teilweise privatem Umfeld erhielt sie wenig Verständnis. Zwar litt Katharina und spürte enorme Schmerzen, doch ihr Umfeld schlug vor, dass sie sich diese einredete. Als sie schließlich eine Endometriose-Diagnose bekam, erklärte ihre behandelnde Ärztin, dass es beeindruckend sei, dass sie überhaupt noch grade stehen könne. Katharinas Endometriose ist so intensiv, dass sie aufgrund dieser sowie der Folgeerkrankungen Anrecht auf einen Schwerbehindertenausweis hätte.

Auch die Autoaggression ist eine Variante, in der Menschen Ablehnung, Kritik und Beschämung, die sie im Laufe des Lebens erfahren haben, verinnerlichen. Man nimmt dabei die Perspektive der Angreifer:innen an. Das verändert das persönliche Selbstbild und die eigene Beurteilung. Dabei verlieren Personen die eigene, autonome Identifizierung, und es bleibt nur noch die Identifikation durch die Augen der Angreifenden. Diese Perspektive wird zur eigenen Realität. Zur dominierenden Stimme.

Der *Male Gaze*, der männliche Blick, erklärt, warum Frauen in der Filmindustrie eindimensional dargestellt werden. Die Art, wie die Kamera über den weiblichen Körper fährt, der Plot und die Gedanken sowie Bedürfnisse der Protagonistin – all das wird bis heute mehrheitlich aus der Perspektiven von *weißen* heterosexuellen cis Männern konzipiert. Wir sehen buchstäblich Frauen mit den Augen von Männern, weil sie das Skript schreiben, die Regie und die Kamera führen. Der Begriff des *Male Gaze* stammt von der feministischen Filmtheoretikerin Laura Mulvey aus dem Jahr 1975. In ihrer Arbeit erklärt Mulvey, dass die Protagonistin in Filmen die Erzählung sekundär erlebt. Frauen werden nur durch ihre Beziehung zu Männern erzählt.

Diese Erzählhaltung wirkt sich auf die gesamtgesellschaftliche Perspektive aus. Wir sehen Frausein aus der Perspektive von *weißen*, heterosexuellen cis Männern. Ihre Perspektive wird zu unserer.

Was ist eigener Wille und was der Einfluss von patriarchalischen und heteronormativen Normen? Diese Fragen beeinflussen auch den eigenen Selbstwert, das persönliche Gerechtigkeitsempfinden, die Frage, was mein Selbst überhaupt ist und letztlich auch die Frage nach der Wut.

»Die Kunst ist, so viel Autonomie wie möglich zuzulassen und so viele Grenzen wie möglich zu setzen«, so die Psychologin Dr. Verena Kast. »Wir Menschen leben in einem Widerspruch: Wir wollen Autonomie und Abhängigkeit, wir brauchen

Autonomie und Beziehung.« Wir haben also Verpflichtungen unserem eigenen Selbst, unseren unmittelbaren Beziehungen und unserer Rolle in der Gesellschaft gegenüber. Denn das Wir-Gefühl ist ein wichtiger Aspekt unserer Identität.

Ärger hilft dabei, dass wir uns besser von den Wünschen eines anderen Menschen abgrenzen können. Das bedeutet aber auch, dass der Ärger unabdingbar zum Menschsein gehört. Wut kann dabei helfen, sich mental abzugrenzen, wie Monika Odum und Daniela Mroß es tun, oder komplett neue Strukturen zu kreierien, wie Whitney Wolfe Herd oder ich es taten. Es gibt viele Wutformen und auch Möglichkeiten, die eigene Wut auszudrücken. Wir befinden uns eben nicht alle im Zickenkrieg und sind auch nicht alle nörgelnde Ehefrauen. Wenn wir nörgeln, sind wir übrigens zwar verärgert, aber wir lassen den Ärger nicht heraus. Nörgeln ist deshalb destruktiv und blockiert uns. Es ist wichtig, sich mit einer Sache einverstanden zu erklären oder kundig unzufrieden zu sein, sodass wir die Wut wirklich nutzen können, um Situationen zu verändern.

Und es genügt nicht, dass wir uns ärgern, wir müssen auch noch recht bekommen. Das ist die Quintessenz von Wut. Sie ist dafür da, um ein Ungleichgewicht wieder in Balance zu bringen. Die Befriedung setzt erst ein, sobald alles wieder in Ordnung ist. Was das genau bedeutet, ist von Person zu Person unterschiedlich.

Nana Addison, die Gründerin der *Curl*, einer Messe für Beauty- und Lifestyle-Themen für Schwarze Menschen in Deutschland, ist eine der wenigen Schwarzen Gründerinnen in der männerdominierten Start-up-Szene. Im Gespräch erzählt sie von der Beschwerde eines unzufriedenen Kunden bei einem Projekt, bei dem ihr Team überdurchschnittlich gut gearbeitet hatte.

»Ich war komplett schockiert. Ich war rasend vor Wut. Also ging ich den Vertrag durch, um die Zahlen noch einmal ganz sicher zu checken, und stellte fest, dass es sich um eine Ungerechtigkeit handelte«, erzählt sie. Als sie den Kunden darauf ansprach, entschuldigte er sich. »Hätte ich da nicht auf meine Wut gehört und auf mein inneres Verständnis von Missetat und Ungerechtigkeit, dann hätte ich den Kunden verloren, weil er geglaubt hätte, im Recht zu sein. Diese Fehlkalkulationen wären dann einfach so stehen geblieben. Und ich wäre darüber hinaus mir selbst nicht treu geblieben.«

Die Wut hat viele Frauen energetisiert und ihnen dabei geholfen, für sich und andere einzustehen. Erst in dem Moment, wo die Balance wiederhergestellt war, trat Ruhe ein. Die Wut half Whitney Wolfe Herd auf ihrem Weg sowie Daniela Mroß, Monika Odum, Nana Addison und mir. Das nur, weil unser Gerechtigkeitsempfinden Alarm schlug und wir für uns und für viele weitere Menschen kämpften. Diese Energie zu nutzen, statt zu unterdrücken, ist pure Rebellion. Es ist ermächtigend in einer Welt, in der unsere Perspektive nur marginal sichtbar ist. Das sollte nicht so sein. Eigentlich sollte jede:r gesehen werden.

WAS NACH DER WUT KOMMT

WUTMÜDIGKEIT

Wut hat eine Aufgabe: Ungerechtigkeit wieder in Balance zu bringen. Das ist nicht immer möglich. Gerade wenn es um gesamtgesellschaftliche Fragen wie Rassismus oder Sexismus geht, um nur zwei von vielen Baustellen zu nennen. Bis in diesen Bereichen Gerechtigkeit in Sicht ist, dauert es noch Jahrzehnte.

Rage Fatigue, auch als Wutmüdigkeit oder Empörungserschöpfung bekannt, nennt man eine emotionale Überforderung, die durch zu viel Machtlosigkeit hervorgerufen wird. Man ist wütend, man kämpft, aber es ändert sich überhaupt nichts.

»Wut ist bei mir eigentlich ein konstanter Zustand«, erklärt die Aktivistin Soraya. »Wenn ich aufwache, bin ich schon wütend. So bleibt es den ganzen Tag über.« Seit Jahren setzt sie sich gegen anti-Schwarzen Rassismus ein. Der Black-Lives-Matter-Sommer 2020 politisierte sie – noch intensiver. Seitdem setzt sie sich im Verein *The New Normal* im saarländischen Raum ein und gelangte so immer tiefer in aktivistische Kreise.

»Es ist nicht so, dass ich bewusst wütend bin. Ich merke nur, dass ich immer wieder extrem erschöpft bin.« Das liegt an Sorayas konstanter Wut. »Es geht so weit, dass ich das Gefühl habe, die Wut sei ein Teil von mir geworden.«

Wutmüdigkeit ist keine offizielle Diagnose, trotzdem sind

die Auswirkungen real. Menschen können sich so überwältigt fühlen, dass sie nicht mehr wissen, wie es weitergehen soll. Eine Form, die wir alle durch die Coronapandemie kennen, ist die Krisenmüdigkeit. Nach über eineinhalb Jahren weltweiter Pandemie sind viele Menschen frustriert und müde.

»Wenn Menschen an Krisenmüdigkeit leiden, ist es natürlich, dass sie eine Mischung aus Erschöpfung, Wut, Ekel, Verzweiflung, Hypervigilanz, Angst und Trauer empfinden«, sagt Arianna Galligher, stellvertretende Direktorin des Stress, Trauma and Resilience (STAR) Program der Ohio State University.

Ausmistaktionen, die verstaubte Gitarre herausholen, Bananenbrot backen, mit dem Stricken anfangen – zu Beginn der Krise herrschte unter bürgerlichen, nicht systemrelevanten Menschen eine Mini-Epidemie des Optimierungswahns. Es wurden Zoom-Partys gehalten, Säcke mit aussortierten Klamotten in den sozialen Netzwerken geteilt oder das neueste DIY-Projekt präsentiert. Es kursierten Zitate wie »Jetzt hast du die Zeit, um all die Dinge, die du ewig aufgeschoben hast, zu erfüllen. Wenn du es jetzt nicht tust, wolltest du es nicht«. Die Menschen, die in systemrelevanten Berufen arbeiten, hatten keine Zeit, zu backen oder eine neue Sprache zu pauken. Sie waren tagtäglich in Lebensgefahr und weit mehr als normalen Arbeitsbelastungen ausgesetzt.

Von Impfgegner:innen bis hin zu den Menschen, die sich pflichtbewusst an alle Regelungen halten, mit zunehmender Dauer der Krise ist die Stimmung bei allen gereizt. Viele Menschen fühlen sich weniger energiegeladen und motiviert, sagt Dr. Karestan Koenen, Professor für psychiatrische Epidemiologie an der Harvard T.H. Chan School of Public Health. Als psychiatrischer Epidemiologe untersucht Koenen die Auswirkungen von Katastrophen auf die psychische Gesundheit. Die

Coronapandemie unterscheidet sich von Katastrophen wie einem Wirbelsturm oder einem Terroranschlag. Das liegt daran, dass diese punktuellen Herausforderungen kommen und gehen. Covid bleibt, und die Verbesserungen verlaufen nicht linear oder kontinuierlich. Die Erholung und somit auch das Verarbeiten all der Erlebnisse sind noch nicht möglich. Wir sind weiterhin mittendrin. Galligher vergleicht die Pandemie mit anderen chronischen, schweren Stressoren ohne offensichtlichen Endpunkt. Somit sei die Pandemie eher vergleichbar mit Langzeitkonflikten wie Kriegen, Vertreibung und Flüchtlingslagern oder kontinuierlichen Mikroaggressionen.

> »Wenn ein klares Ende in Sicht ist, ist es einfacher, die nötige Energie zu sammeln, um kurzfristig zurechtzukommen. Aber wenn eine Krise in eine chronische Lebensrealität übergeht, sind diese Energiereserven schnell verbraucht«, sagt Galligher. »Viele Menschen fangen an, sich existenzielle Fragen zu stellen, wie zum Beispiel ›Was werden wir tun, und ist das die neue Normalität?‹.«

Mit diesen Vergleichen sollen Kriegs- und Fluchterfahrugen auf keinen Fall bagatellisiert werden. Es dient nur zur Vergegenwärtigung der Effekte von verschiedenen Stressoren.

Neben Corona gibt es natürlich noch ganz andere Ereignisse, die zu Machtlosigkeit führen können. Ein solches Beispiel ist das von Cleo. Die Südafrikanerin lebt seit einigen Jahren in Deutschland. Im Herbst 2020 wurde sie als Model für eine Veranstaltung angefragt. Es war ein Live-Event, das über YouTube gestreamt wurde. Dabei sollte eine Hautpflegeexpertin Cleo im Livestream schminken und dabei die Vorgehensweise erklären.

»Ich war nervös und ängstlich«, sagt Cleo. »In diesem Livestream müsste ich ungeschminkt sein. Ich habe immer noch Gesichtsbehaarung, obwohl ich eine Frau bin. In der Wahrnehmung der meisten Leute, die das anschauen, könnte es passieren, dass sie mich falsch gendern. Make-up ist sehr geschlechtsbejahend für mich. Das alles führte dazu, dass ich Angst hatte. Dann dachte ich, weißt du was, das ist ein noch größerer Grund, es zu tun. Damit kann ich das ganze Spektrum des trans-Frau-Seins zeigen. Ich bin nicht meine Gesichtsbehaarung. Ich bin nicht mein Körper. Das Geschlecht hat nichts damit zu tun. Also wollte ich es tun, um ein sehr kraftvolles Statement zu geben.« Gesagt, getan. »Ich war pünktlich für den Live-Stream, kam aber später als erwartet an. Dies verursachte eine Menge Unruhe. Ich kommunizierte schon früh die Verspätung meiner Bahn und schickte Screenshots der Fahrpläne, sobald sie verfügbar waren. Ich habe sogar ein Taxi genommen, um pünktlich zu sein. Ich war glücklich über die Einladung und darüber, bei einem Event einbezogen zu werden, das sich ausschließlich an Schwarze Menschen richtete. Ich bin also aufgetaucht, habe meine Sachen geholt, sie haben mich verkabelt, und ich bin auf die Bühne gegangen.« Die Hautpflegeexpertin begann mit ihrer Präsentation. Doch dann tat sie Folgendes: »Sie hat mich die gesamte Zeit falsch gegendert. Im Livestream. Vor allen. Ich fühlte mich gedemütigt. Es passierte mehr als einmal.«

Die Produzentin hätte eigentlich dafür sorgen müssen, dass so etwas nicht passiert. Dass es sich um einen Safe Space handelte, so Cleo. »Das ist Teil meiner täglichen Erfahrung. Trotzdem bin ich mit der Erwartung hineingegangen, dass es mir dort nicht passieren würde. Ich habe mich geirrt.« Als Cleo nach Hause ging, spielte sie die Situation immer wieder in ihrem Kopf durch. Zu Beginn machte sie sich selbst Vorwürfe. »Vielleicht war die Produzentin sauer auf mich, weil ich zu spät war und das nicht klar genug kommuniziert habe? Vielleicht behandelte sie mich deshalb schlecht und zeigte keine Empathie oder Mitgefühl für das, was gerade passiert war. Dass ich nämlich von der Crew und von dieser Person schlecht behandelt wurde.« Nach einer Weile stellte Cleo fest, dass das, was ihr widerfahren ist, nicht o. k. war. Sie erkannte, dass ihr Zuspätkommen nicht rechtfertigte, dass man sie respektlos behandelte. »Am Ende verließ ich die Veranstaltung mit dem Gefühl, entmachtet und nicht respektiert zu werden. Sobald sich die Wut gelegt hatte, realisierte ich erst einmal, was dort passiert war. Ich hatte es als ein zutiefst traumatisches Ereignis erlebt. Es war nicht in Ordnung. Die Produzentin erkannte den Ernst der Lage nicht.« Was Cleo brauchte, war eine ehrliche Entschuldigung sowie ein Versuch der Produzentin, die Ernsthaftigkeit und die Auswirkungen des Vorfalls zu erfassen. Dann wären die Geschehnisse für Cleo geklärt. Also schrieb Cleo ihr eine E-Mail. Sie schilderte den Vorfall und bat um eine Entschuldigung. »Doch dann drehte die Produzentin die ganze Situation noch einmal komplett um. Sie verwandelte es in ein ganz anderes Machtspiel. Sie schlüpfte in die Rolle der Unterdrückerin und sagte: Wenn ich, Cleo, hier wütend sein will, die Diva geben möchte und auch noch eine Entschuldigung verlange, dann sollte ich sie einfach informieren, dass ich nicht mehr mit ihnen arbeiten will. Ihr Unternehmen erhält viele Aufträge, und sie hätten sehr viele Kontakte. Wenn es ein Problem gibt, dann sollte ich sie einfach informieren, damit sie mich von der Liste streichen kann. Dann werde ich nicht mehr über zukünftige Aufträge oder Möglichkeiten benachrichtigt. Es wäre dann bekannt, dass ich kompliziert bin und eine Person, mit der man nicht zusammenarbeiten sollte.«

Cleo war zutiefst wütend. Sie realisierte, dass sie nicht die Macht hatte, sich selbst in dieser Situation zu retten, erklärt sie. »Ich dachte, ich stehe für mich ein. Dass ich das absolute Minimum fordere. Die Reaktion darauf waren Schikane, Aggressionen und Einschüchterungstaktiken.«

Cleos Wut und ihr Anliegen wurden unterdrückt, nicht von ihr selbst, sondern von außen. Ihre Gefühle wurden von der Person, die sie ungerecht behandelte, diskreditiert.

»Bei den meisten Ärgeräußerungen geht es auch darum, das eigene Gefühl der Ohnmacht in ein Gefühl von Macht oder zumindest von Effektivität zu wandeln«, sagt die Psychologin und Ärger-Expertin Dr. Verena Kast. Doch genau das ist Cleo nicht gelungen. Ganz im Gegenteil.

Streit ist eine effektive Form, um seinen Ärger aktiv und konstruktiv abzuarbeiten. Das Ziel ist die Versöhnung oder zumindest ein gegenseitiges Verständnis. Dabei reicht eine salopp formulierte Entschuldigung nicht immer. Laut Dr. Kast geht es somit nicht ums Nachgeben, sondern vielmehr darum, dass alle Beteiligten zu ihrem Recht kommen und spüren, dass mit der Verletzung verantwortlich umgegangen worden ist. Diese Verantwortung wollte die Produzentin in Cleos Fall nicht übernehmen. Die Katharsis-Funktion, die sich Cleo erhoffte, ist in dem Moment verpufft, als die Produzentin ihre Wut als einen Aufruf zu einem Duell empfunden hat. Dabei konnte sie ganz andere Waffen einsetzen als Cleo. Ihre strukturelle Macht. Das ist laut der Idee der »unversehrten Intersubjektivität« von Jürgen Habermas der Knackpunkt. Die Quintessenz hinter diesem Prinzip lautet, dass unsere Probleme wesentlich besser gelöst werden könnten, würden symmetrische Verhältnisse zwischen den Menschen bestehen. Wenn alle Menschen gleich viel wert wären, hätten wir alle gleiche Rechte. Natürlich sind – in der

Theorie – alle Menschen wertvoll. Doch patriarchalische, rassistische, trans- sowie queerfeindliche und behindertenfeindliche Mechanismen verstärken strukturelle Ungleichbehandlungen.

> »Je identischer Menschen sind, je echter, je authentischer, je mehr bei sich selber, je einverstandener auch mit sich selbst, nicht im Sinne von Selbstgefälligkeit, sondern im Sinne des Sich-selber-Akzeptierens, im Wissen um eigene Kanten und Ecken, auch im Wissen darum, dass man sich immer noch verändern wird, je kohärenter also der Ich-Komplex, umso besser können sie sich versöhnen«, schlussfolgert Dr. Verena Kast.

In der Realität ist es nicht so. Uns wird nicht der gleiche gesellschaftliche Wert zugeschrieben. Genau das hat Cleo zu spüren bekommen. Die Produzentin hat die Kontakte, die Reputation, ein großes Team. Das machte sie Cleo klar. Somit war der Fall geklärt. Für die Produzentin. Nicht für Cleo.

Je leichter es Menschen fällt, sich mit sich selbst zu versöhnen, desto leichter fällt es ihnen mit anderen. Menschen mit einem gesunden Narzissmus sind übrigens versöhnlicher. Das liegt daran, dass sie Kränkungen leichter akzeptieren. Sie sind sich bewusst, dass das Teil des Lebens ist und auch sie andere Menschen kränken konnen. Je problematischer oder niedriger das Selbstwertgefühl einer Person ist, um so weniger versöhnlich ist die Person. Diese Menschen tendieren dazu, andere zu dominieren, um selber nicht unterzugehen. Sie achten ständig darauf, ob sie beachtet, gesehen und geliebt werden. Sie sind überempfindlich gegenüber der Einschätzung ihrer Person durch andere. Bekommen sie die Anerkennung von außen nicht oder nicht in der Form, die sie sich vorgestellt haben, dann fühlen sie sich leer, unzufrieden und werden aggressiv.

Cleo wird die Versöhnung niemals erhalten. Für sie ist es, nachdem einige Zeit vergangen ist, in Ordnung.

»Im Nachhinein betrachtet, war es eine Lektion. Ich hatte zu viel Hoffnung und Erwartungen in diese Menschen gesetzt, weshalb ich am Ende so enttäuscht war. Jetzt, wo ich die Menschen als das sehe, was sie sind, bin ich desillusioniert und setze meine Hoffnung und Erwartungen in mich selbst. Ich brauche nicht länger Bestätigung durch andere oder äußere Dinge zu finden. Ich habe alles, was ich brauche, in mir selbst. Ich habe eine Weile und viele schmerzhafte Erfahrungen gebraucht, um diese Lektion zu lernen. Aber jetzt fühle ich mich frei. So leicht wie eine Feder. Ich bin viel kreativer darin geworden, wie ich die Wut verarbeite und einsetze, damit sie mir hilft.«

Cleo ist nun im Reinen mit sich, aber was, wenn das nicht klappt?

Was wenn es keine Lösung gibt? Sollte man sich nun ein Foto der Antagonistin schnappen, auf eine Dartscheibe heften und mit kleinen Pfeilen die eigene Genugtuung darauf schießen? Dr. Georg Eifert, ehemaliger Direktor der Abteilung für Psychologie an der Chapman University in Kalifornien, findet Methoden, wie auf ein Kissen einzuschlagen oder zum Dartspiel zu greifen, um so den eigenen Ärger zu kompensieren, unsinnig. Es handle sich um einen alten Mythos aus den Siebzigerjahren.

»Solange Sie sich ärgerlich verhalten, führen Sie Ihrem Körper den ganzen biochemischen Unrat zu«, sagt Eifert. Wut ist eine intensive Energie. Wenn sie nicht weichen kann, werden Stresshormone und Neurotransmitter ausgeschüttet, die nicht gleich wieder abgebaut werden. »Die Folge ist eine anhaltende Aktivität im limbischen System im Gehirn oder genauer in der sogenannten Amygdala, wo es die meisten Rezeptoren für Stresshormone gibt. Das wiederum kann zu chronischen Veränderungen auf Hirn- und Verhaltensebenen führen. Depressionen und andere psychische Erkrankungen drohen.

Ein weiteres Resultat könnte wie der Gemütszustand der Aktivistin Soraya aussehen. Ein Dauerkampf, der in Wutmüdigkeit resultiert.

Menschen gehen in dem Strudel der strukturellen Ungleichbehandlung unter. Es überwältigt sie. Ich kenne dieses Gefühl. Es ist das Bedürfnis, nicht aufstehen zu wollen, weil die Welt so laut ist. Ein Seufzen, dass einsetzt, nachdem man so viel Energie, Mühe, Liebe und Wut in etwas hineingesteckt hat, um dann zu realisieren, dass das Problem noch lange nicht gelöst ist. Es ist kein Sprint. Es ist ein Marathon. Besonders nach dem Black-Lives-Matter-Sommer fühlte auch ich die *Rage Fatigue*. Ich war müde von der stetigen Empörung. Davon, in den Nachrichten zu lesen, dass Rassismus doch nur eine Meinung und kein mächtiges System sei. Davon, wie stark sich Menschen in ihrer eigenen Freiheit bedrängt fühlen, wenn Menschen, die jahrelang nicht sprechen durften, es taten. Davon, überall Sexismus, Transfeindlichkeit, Behindertenfeindlichkeit, Fettphobie und Rassismus zu sehen. All diese Dinge in Summe, die Masse an Baustellen, an Hürden in unserer Gesellschaft, geben mir ab und zu ein überwältigendes Gefühl. Manchmal sehe ich keinen Sinn zu kämpfen. Wozu, wenn sich eh nichts ändert?

Natürlich ist es ein langer Weg. Rassismus ist jahrhundertealt, Sexismus auch. Wir können sie nicht über Nacht besiegen. Ähnlich sieht der Rat von Galligher und Dr. Koenen als Strategie, mit der Krisenmüdigkeit umzugehen, aus: Suche deine

Kämpfe gezielt aus. Portioniere deine Wut. Du kannst nicht die ganze Welt auf einmal retten. Es geht darum, das Wichtige vom Unwichtigen zu unterscheiden. Was das genau bedeutet, obliegt jeder Person selbst.

Social Media ist ein Segen und Fluch. Auf der einen Seite hätte das *RosaMag* ohne Instagram, Facebook und Co. nicht so schnell so große Sichtbarkeit erhalten. Die Kehrseite ist die Gesprächskultur, in der subtile Finessen untergehen und ebenso die Projektions- und Interpretationsmöglichkeiten. Das ständige Online-Sein, Empörtsein, Erfahren-, Sehen- und Kommunizieren-Müssen. Ich habe die Erfahrung gemacht, dass ich als ignorant gelte, wenn ich mich zu bestimmten Thematiken nicht äußere oder keine Position beziehe. Aber es ist in Ordnung, sich *einem* Themengebiet zu widmen. Das bedeutet nicht, alle anderen Themen zu ignorieren, sondern vielmehr, die eigene Energie zu bündeln und zu fokussieren, damit frau weiterhin genug Kraft hat, andere Kämpfe als die eigenen zu respektieren und zu verstehen und den eigenen Weg weiterzuverfolgen.

»Weil ich so viel wütend bin, fühle ich es bei Kleinigkeiten nicht mehr«, knüpft Soraya an ihren ursprünglichen Gedanken an – dauernd wütend zu sein. »Ich bin dann eher müde. Ich hatte vor Kurzem eine Situation auf der Arbeit. Dort haben sie mir 200 Euro unterschlagen. Selbstverständlich möchte ich das Geld haben. Ich war auch nicht zufrieden mit der Situation. Aber ich fühlte nichts. Natürlich kümmere ich mich darum und werde alles dafür tun, um mein Geld zurückzuerhalten. In dem Moment spürte ich aber keinen konkreten Ärger. Mit meiner Wut gegenüber Rassismus ist es ganz anders. Diese Wut äußert sich in dem Gefühl der Ohnmacht. Als wenn man irgendwie ganz tief unter Wasser wäre. Man schwimmt und schwimmt, aber man kommt überhaupt nicht voran.«

Wer sich immer gleich maximal aufregt, der kann nicht mit Wut reagieren, wenn es notwendig wäre. Die meisten von uns sind in der Lage, eine Krise oder vielleicht mehrere Krisen gleichzeitig zu bewältigen, aber wenn sich alles auf einmal zuspitzt, kommt ein Punkt, an dem unsere typischen Bewältigungsmittel überfordert sind, und das Ergebnis ist Wutmüdigkeit.

Wer sich selbst überanstrengt, kann niemandem helfen. Soraya könnte lernen, nicht an zu vielen Fronten gleichzeitig zu kämpfen. Was sie aktuell durchläuft, sind die Phasen der Politisierung. Es ist ein ermächtigendes Gefühl, wenn wir entdecken, dass wir für etwas brennen. Noch intensiver wird es, wenn wir herausfinden, dass wir etwas verändern können. Spüren, dass wir die Welt mit den eigenen Handlungen zu einem besseren Ort machen können. Zwar geschieht es im Kleinen, aber dort schlägt es große Wellen. Es hallt nach. Am Ende des Tages sind wir Menschen. Wir haben limitierte Zeit, Ressourcen und Kraft. Das ist völlig in Ordnung.

NACHWORT
Und jetzt? Was mache ich mit all dieser Wut?

Es ist kompliziert und simpel zugleich. In der Theorie ist Wut geschlechtsneutral, im Alltag nicht. Wir alle fühlen Ärger. Ihn auszudrücken, ohne gesellschaftliche Abstrafungen zu erleben, ist ein Privileg, das vor allem *weißen,* heterosexuellen, nicht behinderten cis Männern vorbehalten ist. Das macht die Emotion zu einem Politikum. Wer wütend sein darf, hat Macht. Wer es nicht sein darf, wird kontrolliert. Die Eingrenzung dieser Emotion ist klug. Denn wenn die Wut einer Gruppe als gänzlich unglaubwürdig gilt, können diese Personen sich nicht beschweren. Alles, was sie fordern oder artikulieren, wird überhaupt nicht angehört.

Das zeigt, wie mächtig Wut ist. Wir brauchen sie. Ich brauche sie. Ohne Wut hätte ich nie die Kraft dafür geschöpft, einen unbekannten Weg zu gehen. Ein Magazin zu gründen, das es noch nicht gab. Für Gruppen, die im deutschsprachigen journalistischen Alltag ungesehen sind – Schwarze FLINTA. In die Selbstständigkeit zu gehen, obwohl ich Sicherheit schätze. Dinge zu tun, obwohl sie unerreichbar sind, zumindest laut Lehrer:innen, Professor:innen oder Kolleg:innen. Wut ist mein Kompass, meine Energiequelle, auf die ich immer wieder zurückfallen kann, weil ich weiß, dass sie mir dabei hilft, eine Lösung zu finden. Mit der Wut falle ich weich. Sie ist wie ein Licht in einem dunklen Tunnel. Der Funken, der mir zeigt, da muss es noch mehr geben. Natürlich fällt sie mir nicht immer leicht. Ab und zu fremdle ich mit ihr, einfach weil sie sich so ungewohnt anfühlt. Wir lernen uns gerade erst so richtig kennen. Wie wäre wohl mein Leben verlaufen, hätte ich viel früher Raum erhalten, sie auszuleben?

Wut hat viel mit dem eigenen Selbstwert zu tun, aber auch mit dem gesellschaftlichen. Wie viel bin ich mir selbst wert, um für meine Interessen einzustehen? Wie viel sind mir andere wert, um für ihre einzustehen? Wie viel Wert misst die Gesellschaft mir bei? Die Antworten auf diese Fragen sind ein Spiegel, wie es um unsere Gesellschaft aktuell steht.

Frauen, die einen guten Zugang zu ihrer Wut haben, ist es egal, ob sie als Zicke bezeichnet oder hysterisch genannt werden. Begriffe, die dazu dienen, die Wut von Frauen zu degradieren, machen sie stark, wie beispielsweise Monika Odum. Sie sagt: »Na und, dann bin ich eine Zicke. Und jetzt?« Sie erobert sich den Titel »Drachenschwester«. Für sie ist es ein Kompliment, weil sie jenseits von Hierarchien lieber für ihre Patient:innen stark ist. Reclaiming oder Zurückeroberung beschreibt einen linguistischen Prozess, Begriffe, die als Beleidigung gebraucht werden, innerhalb einer marginalisierten Gruppe und nach außen zur Selbstbeschreibung zu nutzen. Die Autorin Robin Brontsema schreibt: »Im Zentrum der sprachlichen Rückgewinnung steht das Recht, sich selbst zu definieren, die eigene Existenz zu schmieden und zu benennen.«

Brontsemas Arbeit sowie das Konzept der Rückeroberung fokussiert sich auf die Sprache. Doch wie wäre es, wenn Frauen die Emotion Wut reclaimen? Im Prinzip würden sie damit etwas einfordern, das eigentlich ein natürlicher Teil jedes Individuums ist. Reclaiming kann sowohl als individueller, psychologischer Prozess als auch als soziologischer, gesellschaftsweiter Prozess gesehen werden.

Es ist die Entwaffnung einer dominanten Gruppe und die Möglichkeit, die eigenen und fremden Ansichten über sich selbst zu kontrollieren, schreibt Carla Groom in *The Reappropriation of Stigmatizing Labels*. Rückeroberung ist vor allem spannend aufgrund des Ermächtigungsgefühls für das Individuum. Wütend zu sein und mithilfe dieser Emotion eine Ungerechtigkeit zu ändern, ist ein betörendes Gefühl. Es ist die Erkenntnis, dass eine eigene Handlung wirksam ist. Im Zuge des Reclaimings erlangen Frauen wieder Kontrolle über die Art und Weise, wie sie beschrieben werden, und damit über das eigene Selbstbild, Selbstkontrolle und Selbstverständnis. Wut ist nicht anstrengend, sondern mächtig. Wütende Frauen sind auch nicht anstrengend, sondern ermächtigend.

In ihrer Arbeit definiert Brontsema, dass es mindestens drei identifizierbare Ziele im Rückeroberungsprozess gibt.

Das erste Ziel ist die Bedeutungsumkehr. In Bezug auf Wut sollten wir sie nicht mehr als eine Schwäche bei Frauen assoziieren, sondern genau als das Gegenteil – als Stärke.

Das zweite Ziel ist die Neutralisierung. Am Ende würde hier der Wunsch stehen, dass Wut einfach Wut ist. Unabhängig von normativen Rollen in unserer heteronormativen Gesellschaft.

Der letzte Punkt ist die Stigmaausbeutung. Das bezieht sich auf die Verwendung von Begriffen als Erinnerung daran, dass eine bestimmte Gruppe ungerecht behandelt wurde.

Wir brauchen eine Bedeutungsumkehr. Aktuell wird die Wut von Frauen fehlinterpretiert. Gesellschaftlich müssen wir lernen, sie neu zu definieren. Geschichten von Wut-Vorbilder:innen sollten bereits im Vorschulalter ein integraler Bestandteil der Wissensvermittlung sein, aber auch in Film und Fernsehen. Wut ist nicht böse. Sie ist eine essenzielle Emotion. Böse Menschen sind wütend, und gute Menschen sind es auch. Wut ist auch kein Synonym für Zerstörung. Sie hat unterschiedliche Formen. Individuell müssen wir auf unseren eigenen Ärger hören, ihn annehmen und vor allem herausfinden, was er uns zu sagen versucht. Wut auszudrücken ist Selbstliebe. Sie als Frau zu artikulieren, ist mutig. Dabei sollte es eigentlich normal sein.

Der nächste Schritt ist die Neutralisierung. Dass Wut zu dem wird, was sie eigentlich ist: eine normale Reaktion auf eine Ungerechtigkeit. Die Neutralisierung sollte sich nicht nur auf die Emotion beziehen, sondern auch auf die Personen, die sie ausdrücken. Damit alle Menschen den Raum erhalten, Wut auszudrücken. Damit wir als Gesellschaft lernen, einander zuzuhören. Damit wir schlussendlich zu einer gerechten Gesellschaft werden.

GLOSSAR

#Metoo (zu deutsch: Ich auch)
Die Schwarze Aktivistin Tarana Burke rief 2006 unter diesem Hashtag Schwarze Frauen dazu auf, über ihre Erlebnisse sexualisierter Gewalt zu sprechen. 2017 ging der Hashtag durch den Vergewaltigungsskandal um Filmproduzent Harvey Weinstein durch die Medien.

Agender
Agender (zu deutsch: geschlechtslos, geschlechtsneutral) beschreibt eine Identität, die sich keinem Geschlecht zuordnet.

Aggression
Angreifende Verhaltensweise, die durch Wut oder Angst ausgelöst wird.

Angry Black Woman
Beschreibung für die stereotypische Darstellung von Schwarzen Frauen als »von Natur aus« missgelaunt, frech und ungebildet.

Black Lives Matter (BLM, zu deutsch »Schwarze Leben zählen«)
Internationales Netzwerk, das gegen *Weiße* Vorherrschaft und für Gerechtigkeit und Freiheit für Schwarze Menschen kämpft.

Care-Berufe (auch: Sorgearbeit)
Berufsfeld und Tätigkeiten des Sorgens und Sichkümmerns wie Altenpflege, Krankenversorgung, Kinderversorgung etc.

Cis, cisgender
Wenn das bei der Geburt festgelegte Geschlecht mit der eigenen Geschlechtsidentität übereinstimmt

Code Switching
Wechseln der Sprache zwischen Sätzen oder mitten im Satz. Auch das Hin- und Herspringen zwischen verschiedenen Sprachen sowie zwischen Soziolekten oder Sprachregistern ein und derselben Sprache.

Empowerment
Ermächtigung, oft auch Selbstermächtigung von marginalisierten Menschen mit dem Ziel der Selbstbestimmung.

Feminität (Weiblichkeit)
Zusammenspielende optische, kulturelle und gesellschaftliche Eigenschaften, die Frauen zugeschrieben werden

Fight, Flight, Freeze, Fawn
Vier Reflexe auf gefährliche oder traumatische Erlebnisse: kämpfen, flüchten, erstarren, einschmeicheln.

FLINTA*
Frauen, Lesben, intergeschlechtliche sowie nichtbinäre, trans und agender Personen. Das Sternchen bezeichnet Menschen, die sich mit keiner der genannten Identitäten identifizieren, aber trotzdem von einer patriarchalischen Gesellschaft marginalisiert werden. Das Akronym wird unter anderem benutzt, um die verschiedenen Kämpfe und Interessen all dieser Personen sichtbar zu machen.

Gaslighting
Form der Manipulation, deren Ziel es ist, dass das Opfer seiner eigenen Meinung oder Wahrnehmung nicht mehr traut.

Gender
Soziale Dimension des Geschlechts, zu der anerzogene Verhaltensweisen ebenso gehören wie soziale Konventionen.

Genderfluid
Wandelbare Geschlechtsidentität

In**er**
Rassistische Bezeichnung für die ersten Bewohner:innen der USA.

Intersektionalität
Verschränkung mehrerer Formen von Marginalisierung und Diskriminierung (z. B. Rassismus, Sexismus und Klassismus)

Intergeschlechtlich
Intergeschlechtliche bzw. intersexuelle Menschen haben körperliche Geschlechtsmerkmale, die sich nicht als ausschließlich männlich oder weiblich einordnen lassen.

Mainstream-Feminismus
Feminismus, der durch patriarchalische und kapitalistische Ziele beeinflusst ist und den Erfolg individueller Frauen über die Befreiung und Gleichberechtigung aller Frauen priorisiert

Male Gaze
Begriff aus der feministischen Filmtheorie. Bezeichnet die Darstellung von Frauen aus einer cis männlichen, heterosexuellen Perspektive, oft als Objekt ohne individuelle Wünsche oder Ziele.

Mann/Männlichkeit
Bezieht sich in diesem Buch, sofern nicht anders gesagt, nicht auf individuelle Personen, sondern eine gesellschaftliche Struktur, die Männern Macht über alle anderen Menschen einräumt

Nichtbinär
Geschlechtsidentität, die sich außerhalb der binären Geschlechterordnung von »männlich« und »weiblich« verortet

Patriarchat
Gesellschaftsordnung, die dem Mann eine bevorzugte Stellung in Gesellschaft und Familie einräumt

Race
Lehnwort aus dem Englischen, das anstelle des in einer rassistischen und eugenischen Tradition stehenden Wortes »Rasse« verwendet wird.

Schwarz
Wird als Selbstbezeichnung Schwarzer Menschen und soziale Kategorie groß geschrieben.

Self-Silencing
Die eigenen Bedürfnisse, besonders in engen Beziehungen, immerwährend zurückstellen und unterdrücken, um die Bedürfnisse einer anderen Person zu priorisieren.

TERF (Trans-Exclusionary Radical Feminist/Feminism, zu deutsch: Trans-ausschließende/r radikale/r Feministin/ Feminismus)
Feminismus, der trans Personen, insbesondere trans Frauen, ausschließt und anfeindet.

Tone Policing
Das Gegenüber zum Schweigen bringen, indem man nicht auf dessen Argumente eingeht, sondern den Ton kritisiert, in dem diese Argumente vorgebracht werden (zu wütend, zu unsachlich, zu emotional etc.)

Trans, transgender
Wenn das bei der Geburt festgelegte Geschlecht nicht mit der eigenen Geschlechtsidentität übereinstimmt

»Transsexualität«
Im deutschen Gesetz und in der Biologie Bezeichnung für transidente Menschen.

***Weiß, weiße* Menschen**
Wird kursiviert, um auf die gesellschaftliche und soziale Dimension des *Weißseins* hinzuweisen und damit auf eine dominante und privilegierte Position innerhalb unseres globalen Systems, das auf → *weißer* Vorherrschaft beruht.

***Weiße* Vorherrschaft**
Weltordnung, in der (europäische) *weiße* Menschen im Zentrum der Macht und Bedeutung und über allen anderen stehen.

Vorbilder:innen
Inkorrekte gegenderte Form von »Vorbilder«. Da sich bereits Kinder auch unter genderneutralen Wörtern wie »Forschende« oft Männer vorstellen, wird diese Form verwendet, um weibliche Vorbilder sichtbar zu machen.

QUELLENVERZEICHNIS

Vorwort – Anleitung zum Wütendsein

»Geschlechtsspezifische Aspekte von Burnout« W. Lalouschek, B. Kainz in blickpunkt, der mann, Wissenschaftliches Journal für Männergesundheit, 2008. https://www.kup.at/kup/pdf/7319.pdf, abgerufen am 30.06.2021.

»Variation in Orgasm Occurrence by Sexual Orientation in a Sample of U. S. Singles« von J. Garcia et al. In: The Journal Of Sexual Medicine, 2016. https://www.academia.edu/13115460/Variation_in_orgasm_occurrence_by_sexual_orientation_in_a_sample_of_U_S_singles, abgerufen am 30.06.2021.

»Gender Pay Gap 2019: Frauen verdienten 20 % weniger als Männer« vom Statistischen Bundesamt von 2020. https://www.destatis.de/DE/Presse/Pressemitteilungen/2020/03/PD20_097_621.html, abgerufen am 30.06.2021.

»THE HEALTH GAP | HEALTH Pain bias: The health inequality rarely discussed« von Jennifer Billock, BBC, 2018. https://www.bbc.com/future/article/20180518-the-inequality-in-how-women-are-treated-for-pain, abgerufen am 30.06.2021.

»Männer sind halt keine Patientinnen« von Clara Hellner, Zeit Wissen 2019. https://www.zeit.de/wissen/gesundheit/2019-02/gender medizin-gesundheit-aerzte-patient-medikamente-maenner-frauen-gleichberechtigung, abgerufen am 30.06.2021.

»Frauen vor Gewalt schützen. Häusliche Gewalt« von Bundesministerium für Familie, Senioren, Frauen und Jugendliche, 2020. https://www.bmfsfj.de/bmfsfj/themen/gleichstellung/frauen-vor-gewalt-schuetzen/haeusliche-gewalt/haeusliche-gewalt/80642, abgerufen am 30.06.2021.

»Internalized anger, self-control, and mastery experience in inpatient anorexic adolescents« von N Horesh, et al., in Journal of Psychosomatic Research, 2000. https://www.sciencedirect.com/science/article/abs/pii/S0022399900001744?via%3Dihub, abgerufen am 30.06.2021.
»Emotionsforschung – Wer Wut unterdrückt, kann depressiv werden«, von Tim Wiese, Deutschlandfunk Kultur von 2019. https://www.deutschlandfunkkultur.de/emotionsforschung-wer-wut-unterdrueckt-kann-depressiv-werden.976.de.html?dram:article_id=448877, abgerufen am 30.06.2021.
»Distinguishing between anxiety, depression, and hostility: relations to anger-in, anger-out, and anger control« von Will B.Bridewell und Edward C.Chang, in »Peresonality and Individeual Differnce«, von 1997. https://www.sciencedirect.com/science/article/abs/pii/S0191886996002243, abgerufen am 30.06.2021.
»Sex Differences in the Relationship of Anger and Depression: An Empirical Study« von Jody L. Newman Elizabeth A. Gray Dale R. Fuqua, im Journal of Counseling & Development, von 2011. https://onlinelibrary.wiley.com/doi/abs/10.1002/j.1556-6676.1999.tb02440.x, abgerufen am 30.06.2021.

Was ist eine »Frau«?

»Geschlecht und Gender« von Surur Abdul-Hussain. https://erwachsenenbildung.at/themen/gender_mainstreaming/theoretische_hintergruende/geschlecht_und_gender.php, abgerufen am 30.06.2021.
»30 Jahre Judith Butlers ›Gender Trouble‹«, Gunda Werner Institut, Dr. Ines Kappert. https://www.gwi-boell.de/de/2020/02/28/30-jahre-judith-butlers-gender-trouble, abgerufen am 30.06.2021.
»Benachteiligung von Trans*Personen, insbesondere im Arbeitsleben« von Antidiskriminierungsstelle des Bundes, Jannik Franzen, Dipl.-Psych. Arn Sauer, M.A. http://www.transinterqueer.org/download/Publikationen/benachteiligung_von_trans_personen_insbesondere_im_arbeitsleben.pdf, abgerufen am 30.06.2021.
TSG von Bundesministerium für Justiz und Verbraucherschutz. https://www.gesetze-im-internet.de/tsg/BJNR016540980.html, abgerufen am 30.06.2021.
Antidiskriminierungsstelle des Bundes: https://www.antidiskrimi

nierungsstelle.de/DE/ThemenUndForschung/Geschlecht/Themenjahr_2015/Trans/trans_node.html, abgerufen am 30.06.2021.
TMM Update Trans Day of Remembrance 2020. https://transrespect.org/en/tmm-update-tdor-2020/, abgerufen am 30.06.2021.
»Trans. Frau. Sein.« von Felicia Ewert, edition assemblage, 2020.

WAS IST WUT?

Wut und Aggression – eine Begriffsgeschichte

https://link.springer.com/chapter/10.1007%2F978-3-531-90331-6_12,, abgerufen am 30.06.2021.
https://www.medica.de/de/News/Archiv/Frauen_sterben_im_ersten_Jahr_nach_einem_Herzinfarkt_deutlich_häufiger_als_Männer, abgerufen am 30.06.2021.
»Frauen müssen Wut zeigen können« von Anne Dittmann, *Brigitte*, 2019.
https://www.brigitte.de/liebe/persoenlichkeit/frauen-muessen-wut-zeigen-duerfen-11652828.html, abgerufen am 30.06.2021.

Schöne neue Wut-Ära

»Der Wutbürger« von Dirk Kurbjuweit, *SPON* 2010. https://www.spiegel.de/spiegel/a-724587.html, abgerufen am 30.06.2021.
»Der deutsche Protest ist alt, klug und männlich« von Michael Schlieben, *ZEIT* 2013. https://www.zeit.de/politik/2013-01/wutbuerger-studie-protest, abgerufen am 30.06.2021.
»The politics of anger« von *ECONOMIST*, 2016. https://www.economist.com/leaders/2016/07/02/the-politics-of-anger, abgerufen am 30.06.2021.
Judith Butler im Podcast *Talking Politics*, 2016. https://www.talkingpoliticspodcast.com/blog/2016/10-judith-butler, abgerufen am 30.06.2021.

FRAUEN UND WUT

Spurensuche weiblicher Wut – Wann verlernen wir unsere Wut?

»Rasende Wut – wenn Frauen richtig ausrasten« von Bettina Levecke vom 23.05.2008 in *Welt Online*. https://www.welt.de/wissenschaft/article2026700/Rasende-Wut-wenn-Frauen-richtig-ausrasten.html, abgerufen am 30.06.2021.

»Gender and emotion: Social Psychological perspectives« Cambridge University Press 2010. https://www.cambridge.org/core/books/gender-and-emotion/AE5DC9AC58C8F0B165768A6789E13246, abgerufen am 30.06.2021.

»Women's Anger, Aggression, and Violence« von Sandra P. Thomas, 2005. https://www.researchgate.net/publication/7724798_Women%27s_Anger_Aggression_and_Violence, abgerufen am 30.06.2021.

»Women and Anger: Cultural Prohibitions and the Feminine Ideal« in Wellsley Centers for Women, 1987. http://wcwonline.org/vmfiles/31sc.pdf, abgerufen am 30.06.2021.

»In welchen Branchen Frauen arbeiten – und in welchen nicht« von Niklas Molter in *Augsburger Allgemeine*, 2018. https://www.augsburger-allgemeine.de/wirtschaft/Weltfrauentag-In-welchen-Branchen-Frauen-arbeiten-und-in-welchen-nicht-id50526151.html, abgerufen am 30.06.2021.

Pressemitteilung »KORREKTUR: Männerberufe, Frauenberufe? Klassische Rollenbilder bestimmen noch immer die Arbeitswelt« von Statistisches Bundesamt, 2019. https://www.destatis.de/DE/Presse/Pressemitteilungen/2019/11/PD19_N009_122.html, abgerufen am 30.06.2021.

»Gender Pay Gap 2019« von Statistisches Bundesamt, 2016. https://www.destatis.de/DE/Themen/Arbeit/Arbeitsmarkt/Qualitaet-Arbeit/Dimension-1/gender-pay-gap.html, abgerufen am 30.06.2021.

»Wohin mit der weiblichen Wut?« von Alena Schröder in *Sueddeutsche Zeitung Magazin*, 2018. https://sz-magazin.sueddeutsche.de/leben-und-gesellschaft/wohin-mit-der-weiblichen-wut-86197, abgerufen am 30.06.2021.

»Parenting and its Effects on Children: On Reading and Misreading Behavior Genetics« Annual Review of Psychology, 2000. https://www.

annualreviews.org/doi/abs/10.1146/annurev.psych.51.1.1, abgerufen am 30.06.2021.
»Michaela Dudley über Tone Policing: ›Manchmal muss man sich im Ton vergreifen dürfen‹« von Philipp Awounou in ze.tt, 2020. https://ze.tt/michaela-dudley-ueber-tone-policing-manchmal-muss-man-sich-im-ton-vergreifen-duerfen/, abgerufen am 30.06.2021.
»Silencing the Self Women and Depression« von Dana Crowley Jack, Harvard University Press 1991.
»Der lange Kampf für die Emanzipation« von Christiane Florin *in Deutschlandfunk Kultur*, 2018. https://www.deutschlandfunk.de/100-jahre-frauenwahlrecht-der-lange-kampf-fuer-die.724.de.html?dram:article_id=432984, abgerufen am 30.06.2021.
»Mehrsprachigkeit. Eine Einführung« von Claudia Maria Riehl, wbg Academic 2015.
Women on Board Index, 2020. https://wob-index.de/wob185.html, abgerufen am 30.06.2021.
»Face gender and emotion expression: Are angry women more like men?«, Hess, U., Adams, R. B., Jr., Grammer, K., & Kleck, R. E., Journal of Vision
»Die Wut der Frauen« von Pia Rauschenberger in Deutschlandfunk Kultur, 2019. https://www.deutschlandfunkkultur.de/genderforschung-die-wut-der-frauen.976.de.html?dram:article_id=440383, abgerufen am 30.06.2021.
»Women are happier without children or a spouse, says happiness expert« von Sian Cain, in *The Guardian*, 2019. https://www.theguardian.com/lifeandstyle/2019/may/25/women-happier-without-children-or-a-spouse-happiness-expert, abgerufen am 30.06.2021.

Eine lächelnde Frau kann sich nicht gegen sexuelle Belästigung wehren

»Häusliche Gewalt«, Studie des Bundesministerium für Familie, Senioren, Frauen und Jugend vom 10.11.2020. https://www.bmfsfj.de/bmfsfj/themen/gleichstellung/frauen-vor-gewalt-schuetzen/haeusliche-gewalt/haeusliche-gewalt-80642, abgerufen am 30.06.2021.
»Gewalt gegen Frauen in Paarbeziehungen«, Studie des Bundesministerium für Familie, Senioren, Frauen und Jugend von 2014. https://www.bmfsfj.de/bmfsfj/service/publikationen/gewalt-gegen-frauen-in-paarbeziehungen-80614, abgerufen am 30.06.2021.

»Fünf Thesen, fünf Antworten – Gibt es immer mehr Vergewaltigungen? Fünf Behauptungen im Faktencheck« in *Fokus Online*, 08.07.2019. https://www.focus.de/politik/deutschland/fuenf-thesen-fuenf-antworten-faktencheck-sexualstraftaten-gibt-es-mehr-vergewalti gungen-zuwanderer-schuld_id_10908240.html, abgerufen am 30.06.2021.

»Warum werden so wenige Täter verurteilt?« in Tagesschau, 1.11.2019. https://www.tagesschau.de/investigativ/report-muenchen/verurteilungen-vergewaltigung-101.html, abgerufen am 30.06.2021.

Destination Namaste – Selbstoptimierung und Selbstkontrolle

»Was ist eigentlich noch normal?« von Dr. Wolf, Christian in *dasgehirn.info*, 2013, https://www.dasgehirn.info/krankheiten/krankheiten-diverses/was-ist-eigentlich-noch-normal, abgerufen am 30.06.2021.

»Bin ich psycho, oder geht das von selbst weg?« von Christian Geyer in *Frankfurter Allgemeine Zeitung*, 2014. https://www.faz.net/aktuell/feuilleton/forschung-und-lehre/die-diagnose-psychischer-stoerungen-nimmt-zu-12995900.html, abgerufen am 30.06.2021.

»Alleinerziehende: Lebens- und Arbeitssituation sowie Lebenspläne« von Bundesministerium für Familie, Senioren, Frauen und Jugend, 2008. https://www.ifd-allensbach.de/fileadmin/studien/7373_Alleinerziehende.pdf, abgerufen am 30.06.2021.

»Zahl der Alleinerziehenden steigt« in *Stuttgarter Nachrichten*, 2018. https://www.stuttgarter-nachrichten.de/inhalt.statistisches-bundesamt-zahl-der-alleinerziehenden-steigt.1da47532-ccb0-455a-a0db-dfc447119cd6.html, abgerufen am 30.06.2021.

»Deutschland hinkt bei sozialen Aufstiegschancen hinterher« in *Handelsblatt*, 2020.https://www.handelsblatt.com/politik/deutschland/wef-deutschland-hinkt-bei-sozialen-aufstiegschancen-hinterher/25451030.html?ticket=ST-3529418-SyDKJRU3cbr735bJb6an-ap5, abgerufen am 30.06.2021.

»Critics Express Concern About »The Secret« in *Fox News*, 2007. https://www.foxnews.com/story/critics-express-concern-about-the-secret, abgerufen am 30.06.2021.

»Toxic Positivity: The Dark Side of Positive Vibes« von Samara Quintero, LMFT, CHT and Jamie Long, PsyD, 2019. https://thepsychologygroup.com/toxic-positivity/, abgerufen am 30.06.2021.

Süße Rache und internalisierte Wut

»Wann Rache eine richtige Genugtuung sein kann« von Aliki Nassoufis in *Welt Online*, 2010. https://www.welt.de/gesundheit/psychologie/article11327275/Wann-Rache-eine-richtige-Genugtuung-sein-kann.html, abgerufen am 30.06.2021.

»Forgiveness and Justice: A Research Agenda for Social and Personality Psychology« von Julie Juola Exline, Everett L. Worthington, Jr., Peter Hill, Michael E. McCullough, 2003. https://www.researchgate.net/publication/8995564_Forgiveness_and_Justice_A_Research_Agenda_for_Social_and_Personality_Psychology, abgerufen am 30.06.2021.

»Männer sind rachsüchtiger als Frauen« in *SPIEGEL*, 2008. https://www.spiegel.de/wissenschaft/mensch/psychologie-maenner-sind-rachsuechtiger-als-frauen-a-539484.html, abgerufen am 30.06.2021.

»Die Nazis töteten ihren Mann, da kaufte diese wütende Frau einen Panzer und fuhr an die Front« von Gernot Kramper in *Stern*, 2018. https://www.stern.de/digital/technik/zweiter-weltkrieg--nazis-toeteten-ihren-mann--da-kaufte-diese-wuetende-frau-einen-panzer-8189994.html, abgerufen am 30.06.2021.

»Ihr müsst nicht immer jedem verzeihen! Auch Rache kann sich gut anfühlen — und sie erfüllt einen wichtigen Zweck« von Julia Beil in *Business Insider*, 2020. https://www.businessinsider.de/leben/rache-ist-suess-und-besser-als-ihr-ruf-wir-sollten-wut-rauslassen/, abgerufen am 30.06.2021.

»Zwei Arten von Menschen werden nicht wütend — bei einer hat es oft negative Folgen« von Katharina Mass in Business Insider, 2019. https://www.businessinsider.de/wissenschaft/zwei-arten-von-menschen-werden-nicht-wuetend-bei-einer-hat-es-oft-negative-folgen-2019-8/, abgerufen am 30.06.2021.

»Wo Angst ist, soll Wut werden – oder: Wut ist unsere vitale Kraft« von Prof. Dr. Dr. Serge K. D. Sulz, 2016. https://www.angstselbsthilfe.de/wp-content/uploads/2016/01/25.pdf, abgerufen am 30.06.2021.

»Die Macht von unterdrückten Gefühlen: Wie sich innere Wut auf die psychische Gesundheit auswirken kann« von Oberberg Klinik. https://www.oberbergkliniken.de/artikel/die-macht-von-unterdrueckten-gefuehlen-wie-sich-innere-wut-auf-die-psychische-gesundheit-auswirken-kann, abgerufen am 30.06.2021.

»Coping Mechanisms« von Emad B. Algorani; Vikas Gupta, 2021.

https://www.ncbi.nlm.nih.gov/books/NBK559031/, abgerufen am 30.06.2021.
»Passiv-aggressiv?« von Silke Pfersdorf in *Psychologie Heute*, 2019. https://www.psychologie-heute.de/gesellschaft/artikel-detailansicht/39814-passiv-aggressiv.html, abgerufen am 30.06.2021.
»War doch keine Absicht!« von Corinna Hartmann in *Spektum*, 2020. https://www.spektrum.de/news/passiv-aggressives-verhalten-erkennen/1804403, abgerufen am 30.06.2021.
»Tactical Differences in Coping With Rejection Sensitivity: The Role of Prevention Pride« von Ayduk Ozlem, May Danielle und Geraldine Downey, 2003. https://journals.sagepub.com/doi/10.1177/0146167202250911, abgerufen am 30.06.2021.

WUT UND DISKRIMINATION

Wer hat Angst vor dem System des *weißen* Mannes?

»Mapping gay LA: the intersection of place and politics« von Moira Rachel Kenney, 2001. https://www.researchgate.net/publication/37707652_Mapping_gay_LA_the_intersection_of_place_and_politics, abgerufen am 30.06.2021.
»What's a ›safe space‹? A look at the phrase's 50-year history« von Malcolm Harris in *Splinter*, 2015. https://splinternews.com/what-s-a-safe-space-a-look-at-the-phrases-50-year-hi-1793852786, abgerufen am 30.06.2021.
»Women's Reality« by Anne Wilson Schaef. https://cpt.org/sites/default/files/2019-04/US%20-%20White%20Male%20System.pdf, abgerufen am 30.06.2021.
»Die strukturierte Vermittlung von Ereignissen« von Stuart Hall in *Ideologie. Kultur. Rassismus. Ausgewählte Schriften 1.* Argument Verlag, 2012. S. 126–149.
»Massenmedien, Repräsentation und Diskriminierung« von Josephine B. Schmitt und Julian Ernst in *Say My Name – ein Format von der Bundeszentrale für politische Bildung.* https://www.bpb.de/lernen/projekte/saymyname/312493/massenmedien-repraesentation-und-diskriminierung, abgerufen am 30.06.2021.

»What exactly is a microaggression?« von Jenée Desmond-Harris in *VOX*, 2015. https://www.vox.com/2015/2/16/8031073/what-are-microaggressions, abgerufen am 30.06.2021.
»Wie Tausende kleine Mückenstiche« von Azadê Peşmen in *Deutschlandfunk Kultur*, 2018. https://www.deutschlandfunkkultur.de/rassismus-macht-den-koerper-krank-wie-tausende-kleine.976.de.html?dram:article_id=422167, abgerufen am 30.06.2021.
»Ethnic microaggressions, traumatic stress symptoms, and Latino depression: A moderated mediational model« von Lucas Torres und Joelle T Taknint, 2015. https://pubmed.ncbi.nlm.nih.gov/25867692/, abgerufen am 30.06.2021.
»What Is Emotional Labour? ›The unpaid job men still don't under stand.‹« von Rebecca Gao in *Chatelaine*, 2020. https://www.chatelaine.com/living/what-is-emotional-labour-faq/, abgerufen am 30.06.2021.
»Women Aren't Nags—We're Just Fed Up- Emotional labor is the unpaid job men still don't understand« von Gemma Hartley in *Harper's Bazaar*, 2017. https://www.harpersbazaar.com/culture/features/a12063822/emotional-labor-gender-equality/, abgerufen am 30.06.2021.
»Feeling Capitalism: A Conversation with Arlie Hochschild« von Nicholas Hoover Wilson, Brian Jacob Lande in Journal of Consumer Culture, 2005. https://journals.sagepub.com/doi/abs/10.1177/1469540505056789?journalCode=joca, abgerufen am 30.06.2021.
»On the costs and benefits of emotional labor: a meta-analysis of three decades of research« von Ute R Hülsheger und Anna F Schewe, 2011. https://pubmed.ncbi.nlm.nih.gov/21728441/, abgerufen am 30.06.2021.

Scham und soziale Zwänge

»Wut und Feminismus« von Dr. Fabienne Amlinger in *genderstudies – Zeitschrift des Interdisziplinären Zentrums für Geschlechtsforschung IZFG*, 2017. https://boris.unibe.ch/98457/1/genderstudies_FS17_Wut_und_Feminismus.pdf, abgerufen am 30.06.2021.
»Die Feigheit der Frauen: Rollenfallen und Geiselmentalität. Eine Streitschrift wider den Selbstbetrug« von Bascha Mika, C. Bertelsmann Verlag 2011.
»Schadet sich Greta Thunberg mit ihrer Wutrede selbst?« von Margit Hufnagel und Stefan Lange in *Augsburger Allgemeine*, 2019. https://

www.augsburger-allgemeine.de/politik/Fridays-for-Future-Schadet-sich-Greta-Thunberg-mit-ihrer-Wutrede-selbst-id55526871.html, abgerufen am 30.06.2021.

»Age differences in anger frequency, intensity, and expression« von Sandra Thomas, 2002. https://trace.tennessee.edu/cgi/viewcontent.cgi?article=1110&context=utk_nurspubs, abgerufen am 30.06.2021.

»What is gaslighting? And how do you know if it's happening to you?«, von Sarah DiGiulio in *NBCNEWS*, 2018. https://www.nbcnews.com/better/health/what-gaslighting-how-do-you-know-if-it-s-happening-ncna890866, abgerufen am 30.06.2021.

»The Social Costs and Benefits of Anger as a Function of Gender and Relationship Context«, Agneta H. Fischer, Catharine Evers

»The Cult of the Difficult Woman« von Jia Tolentino in *Trick Mirror*, HarperCollins 2020.

»Kaum Frauen in Vorständen« von *Der Informationsdienst des Instituts der deutschen Wirtschaft*, 2019. https://www.iwd.de/artikel/kaum-frauen-in-fuehrungspositionen-445783/, abgerufen am 30.06.2021.

»A Cross-Cultural Analysis of the Behavior of Women and Men: Implications for the Origins of Sex Differences« von Wood & Eagly in *Psyschlogical Bulletin, 2002*. https://www.researchgate.net/publication/289963919_A_Cross-Cultural_Analysis_of_the_Behavior_of_Women_and_Men_Implications_for_the_Origins_of_Sex_Differences, abgerufen am 30.06.2021.

The Global Gender Gap Report 2015, https://www.weforum.org/reports/gender-gap-2020-report-100-years-pay-equality, abgerufen am 30.06.2021.

»Black Women, Let Your Anger Out – Chronic stress is killing us. We can't keep repressing our rage« von Joshunda Sanders in *inthesetimes*, 2019. https://inthesetimes.com/article/black-women-anger-chronic-stress-rage-repression-discrimination-racism, abgerufen am 30.06.2021.

»Wer gewinnt? Wer verliert? Die Entwicklung und Prognose von Lebenserwerbseinkommen in Deutschland« von Timm Bönke, Rick Glaubitz, Konstantin Göbler, Astrid Harnack, Astrid Pape und Miriam Wetter, 2020. https://www.bertelsmann-stiftung.de/fileadmin/files/BSt/Publikationen/GrauePublikationen/LEE_2.pdf, abgerufen am 30.06.2021.

»Frauen arbeiten täglich 4,5 Stunden unbezahlt« in Zeit/ dpa, 2019.

https://www.zeit.de/news/2019-05/06/frauen-arbeiten-unbezahlt-deutlich-mehr-als-maenner-190506-99-100191, abgerufen am 30.06.2021.
»Diskriminierung von Trans*Personen, insbesondere im Arbeitsleben – Kurzdarstellung« von Jannik Franzen, Arn Sauer, Regenbogen ver.di. https://regenbogen.verdi.de/++file++52f89cd86f684402e4000039/download/Zusammenfassung-der-Studie.pdf, abgerufen am 30.06.2021.
»Mind the 100 Year Gap« von Wodl Econmic Forum, 2019. https://www.weforum.org/reports/gender-gap-2020-report-100-years-pay-equality, abgerufen am 30.06.2021.
»Gleichberechtigung in der Politik?« von Friederike Bauer in *deutschland.de*, 2019. https://www.deutschland.de/de/topicpolitik/so-hoch-ist-der-frauenanteil-in-der-politik-in-deutschland, abgerufen am 30.06.2021.

WUT ALS KATALYSATOR FÜR VERÄNDERUNG

Wo sind all die wütenden Frauen in unserer Geschichte?

»Frauen in der Revolution« Ute Grau für Gedenkstätten Baden-Württemberg,
https://www.gedenkstaetten-bw.de/publikationen/sonstige/48_49/frauen.pdf, abgerufen am 30.06.2021.
»Frankfurter 1848/49 Frauen in den Revolutionsjahr« Institut für Stadtgeschichte Frankfurt am Main
»Körper der Demokratie« von Hedwig Richter für Kulturstiftung des Bundes. https://www.kulturstiftung-des-bundes.de/de/magazin/magazin_35/koerper_der_demokratie.html, abgerufen am 30.06.2021.
Ingrid Liermann im Interview mit Petra Vollmer am 23.11.1994, S. 30 (unveröffentlichtes Transkript)/ Digitales Frauenarchiv. https://www.digitales-deutsches-frauenarchiv.de/akteurinnen/ingrid-sonja-liermann, abgerufen am 30.06.2021.
»Weibliche Vorbilder ermuntern Frauen, Karriere zu machen« in *Deutsches Ärzteblatt*, 2017. https://www.aerzteblatt.de/archiv/193606/

Weibliche-Vorbilder-ermuntern-Frauen-Karriere-zu-machen, abgerufen am 30.06.2021.
»Exotik« von May Ayim in *Blues in Schwarz Weiss*, Orlanda Frauenverlag 2005.
»Anger: Embracing the Medusa Trope as an Act of Resistance« von Melissa Shew and Kimberly Garchar (editors), Oxford University Press 2020
»The Moral Psychology of Anger«, Kapitel «Errors and Limitations of our Anger Evaluating Ways« von Myisha Cherry
»The vicious circle of violence: Trans and gender-diverse people, migration, and sex work« von Boglarka Fedorko and Lukas Berredo, 2017. https://transrespect.org/wp-content/uploads/2018/01/TvT-PS-Vol16-2017.pdf, abgerufen am 30.06.2021.
»Annas Tod und die Rache der Marianne Bachmeier« von Irene Altenmüller in *NDR*, 2021. https://www.ndr.de/geschichte/chronologie/Selbstjustiz-einer-Mutter-Der-Fall-Marianne-Bachmeier,mariannebachmeier101.html, abgerufen am 30.06.2021.
»Rache im Gerichtssaal« von Monika Köpcke in *Deutschlandfunk*, 2006. https://www.deutschlandfunk.de/rache-im-gerichtssaal.871.de.html?dram:article_id=125441, abgerufen am 30.06.2021.

Die vielen Formen der Wut – Mensch, jetzt ärgere dich!

»What It's Like To Found A $750 Million Startup, Go Through A Sexual-Harassment Lawsuit, And Start All Over By Age 25« von Alyson Shontell in *Business Insider*, 2015. https://www.businessinsider.com/tinder-co-founder-whitney-wolfe-and-bumble-2015-1?r=US&IR=T, abgerufen am 30.06.2021.
»Billion-Dollar Bumble: How Whitney Wolfe Herd Built America's Fastest Growing Dating App« von Claire O'Connor in *Forbes*, 2017. https://www.forbes.com/sites/clareoconnor/2017/11/14/billion-dollar-bumble-how-whitney-wolfe-herd-built-americas-fastest-growing-dating-app/?sh=56e228bf248b, abgerufen am 30.06.2021.
»Sie hat das Sagen« von Paulina Würminghausen in *Süddeutsche Zeitung*, 2021. https://www.sueddeutsche.de/wirtschaft/dating-app-bumble-sie-hat-das-sagen-1.5204052, abgerufen am 30.06.2021.
»Vom Sinn des Ärgers« von Verena Kast, Kreuz-Verlag, 2002. Seite 206
»Why we get mad – and why it´s healthy«, TED Talk von Ryan Martin,

2018. https://www.ted.com/talks/ryan_martin_why_we_get_mad_and_why_it_s_healthy, abgerufen am 30.06.2021.

»Diversity im deutschen Journalismus« von Neue Deutsche Medienmacher:innen, 2020. https://neuemedienmacher.de/positionen/beitrag/diversity-im-journalismus-bericht, abgerufen am 30.06.2021.

»Migration in den Medien: ein verzerrtes Bild?« in Mediendienst Integration, 2020. https://mediendienst-integration.de/artikel/migration-in-den-medien-ein-verzerrtes-bild.html, abgerufen am 30.06.2021.

»AfD-Politiker Gauland über Merkel: »Wir werden sie jagen« in BR24, 2017. https://www.br.de/bundestagswahl/afd-politiker-gauland-ueber-merkel-wir-werden-sie-jagen-100.html, abgerufen am 30.06.2021.

»Verwaltungsgericht untersagt Verfassungsschutz vorerst Beobachtung der AfD« in *Spiegel*, 2020. https://www.spiegel.de/politik/deutschland/afd-verwaltungsgericht-untersagt-verfassungsschutz-vorerst-beobachtung-a-227cabab-94b1-41d2-a361-e27e718c3d28, abgerufen am 30.06.2021.

»Corona-Krise macht Probleme sichtbarer« von tagesschau im Gespräch mit Prof. Heinz Rothgang, 2020. https://www.tagesschau.de/inland/interview-rothgang-101.html, abgerufen am 30.06.2021.

»Pflege: Deutsche Krankenhäuser verlieren ihre Zukunft« von Christian Karagiannidis; Uwe Janssens; Michael Krakau; Wolfram Windisch; Tobias Welte; Reinhard Busse in *Deutsches Arzteblatt*, 2020. https://www.aerzteblatt.de/archiv/212089/Pflege-Deutsche-Krankenhaeuser-verlieren-ihre-Zukunft, abgerufen am 30.06.2021.

»Vielfalt der Datenlage zum Bildungsaufsteig in Deutschland« von Deutscher Bundestag, 2020. https://www.bundestag.de/resource/blob/410108/0b769f4ea73d0fbd83c211bd32440964/WD-8-060-13-pdf-data.pdfhttps://www.bundestag.de/resource/blob/410108/0b769f4e-a73d0fbd83c211bd32440964/WD-8-060-13-pdf-data.pdf, abgerufen am 30.06.2021.

»Mehr Mut bei Beförderungen« von Jack Zenger und Joseph Folkman in *manager magazin*, 2020. https://www.manager-magazin.de/harvard/fuehrung/frauen-in-fuehrungspositionen-mangelndes-selbstvertrauen-a-00000000-0002-0001-0000-000165870961, abgerufen am 30.06.2021.

WAS NACH DER WUT KOMMT

Wutmüdigkeit

»Der Ärger muss raus – aber richtig« von Susanne Rytina in Spiegel, 2014. https://www.spiegel.de/lebenundlernen/uni/wut-forscher-erklaeren-wie-man-mit-aerger-richtig-umgeht-a-1004733.html, abgerufen am 30.06.2021.

»Crisis Fatigue: Are We Emotionally Overwhelmed?«, Katherine Khan in WebMD, 2020. https://www.webmd.com/lung/news/20200721/crisis-fatigue-are-we-emotionally-overwhelmed, abgerufen am 30.06.2021.

Nachwort – Und jetzt? Was mache ich mit all dieser Wut?

»A Queer Revolution: Reconceptualizing the Debate Over Linguistic Reclamation« von Robin Brontsema. https://journals.colorado.edu/index.php/cril/article/view/255, abgerufen am 30.06.2021.

DANK

Im Alter von 10 Jahren beschloss ich, dass ich vor meinem 30. Geburtstag ein Buch veröffentlichen würde. Es hat nicht ganz geklappt. Während ich diese Zeilen schreibe, bin ich 31 Jahre alt. Eine Person, die trotzdem immer tief und fest an mich glaubte, war und ist meine Mutter. Danke Mama, dass du mich zu dem Menschen gemacht hast, der ich heute bin.

Dieses Buch wäre ohne die Hilfe von vielen unfassbar großartigen, klugen und inspirierenden Menschen nicht entstanden. Daniela Mroß, meine älteste und beste Freundin, Monika Odum, mein Vorbild, du wundervolle und einmalige Seele, meine Schwester Megan. Hach, Meg! Unsere Waldsessions geben mir Kraft. Annika Marx, einer meiner längsten Freund:innen, danke, dass du immer an mich glaubst, Anni. Julia – Scholle – Scholz, Latifah Cengel, Soraya, Sophia Stewart, Yeama Bangali, Lena Späth, Katharina Braun, meine Begleitung durch die Toskana, in der ich einen Großteil dieses Buchs verfasst habe, Lady Bitch Ray, Julia von *wirmüsstenmalreden*, Anne Dittmann, Dr. Michaela Dudley, Magda Albrecht, Cleo – meine Donut-Schwester, Nana Addison und viele weitere. Danke für eure Unterstützung, eure Worte, Gedanken und euer Vertrauen in mich.

Ein großer Dank geht an Christine Härle, meine liebste Agentin, die mein Manuskript und mich als Person sah. An Anna Riedel, die mich intensiv durch diesen Schreibprozess begleitete. Danke für die langen Telefonate, die lieben und aufmunternde Worte, dass du dieses Buch so sehr liebst wie ich und mich zu einem Mitglied der hanserblau-Familie gemacht hast.

Danke an Dich! Es bedeutet mir viel, dass Du dir die Zeit genommen hast, diese Seiten zu lesen, in meine Gedanken einzutauchen und hoffentlich voller glühender Wut in die Welt zu gehen und sie zu verändern.

@ Meklit Fekadu

Ciani-Sophia Hoeder ist freie Journalistin, *SZ Magazin*-Kolumnistin sowie Gründerin und Geschäftsführerin von *RosaMag*, dem ersten Online-Lifestylemagazin für Schwarze FLINTAs – Frauen, Lesben, intergeschlechtliche, nichtbinäre, trans und agender Personen – in Deutschland. Sie studierte Politik und Journalismus in Berlin und London und berichtet über alltäglichen und institutionellen Rassismus, das Dasein als Millennial, intersektionalen Feminismus und Popkultur. Mit dem *RosaMag* war sie 2020 für den Grimme Online Award nominiert und gewann 2021 den Goldenen Blogger.